U0611000

东北老工业基地政府管理创新研究

张晓杰　赵球◎著

辽宁人民出版社

©张晓杰 赵 球 2021

图书在版编目（CIP）数据

东北老工业基地政府管理创新研究／张晓杰，赵球
著.— 沈阳：辽宁人民出版社，2021.12
ISBN 978-7-205-10337-8

Ⅰ.①东… Ⅱ.①张… ②赵… Ⅲ.①老工业基地－
经济管理－研究－东北地区 Ⅳ.①F427.3

中国版本图书馆CIP数据核字(2021)第241577号

出版发行：辽宁人民出版社
　　　　　地址：沈阳市和平区十一纬路25号　邮编：110003
　　　　　电话：024-23284321（邮　购）　024-23284324（发行部）
　　　　　传真：024-23284191（发行部）　024-23284304（办公室）
　　　　　http：//www.lnpph.com.cn
印　　　刷：辽宁鼎籍数码科技有限公司
幅面尺寸：170mm×240mm
印　　张：15
字　　数：205千字
出版时间：2021年12月第1版
印刷时间：2021年12月第1次印刷
责任编辑：娄　瓴　贾　勇
装帧设计：白　咏
责任校对：耿　珺
书　　号：ISBN 978-7-205-10337-8
定　　价：78.00元

前　言

党中央、国务院高度重视东北地区等老工业基地振兴工作。2003年党中央、国务院提出实施东北老工业基地振兴战略的重大决策，明确了实施振兴战略的指导思想、方针任务和政策措施；2009年9月11日，国务院发布了《国务院关于进一步实施东北地区等老工业基地振兴战略的若干意见》，为东北老工业基地焕发新活力提出优化经济结构、加快企业技术进步、推进资源型城市转型等建议；2015年12月30日，中共中央政治局审议通过了《关于全面振兴东北地区等老工业基地的若干意见》，提出新一轮东北老工业基地建设的四个着力点；党的十八届三中全会提出全面深化改革的指导思想，党的十九大明确提出"深化改革加快东北等老工业基地振兴"。在这一系列党的指导思想、国家政策文件的指引下，东北老工业基地振兴战略不断完善，有力地推动了东北老工业基地的复兴与发展。

东北老工业基地振兴战略实施以来，东北老工业基地政府管理创新获得一定进展，东北老工业基地振兴取得明显成效和阶段性成果，经济发展在稳步前进中迈上新台阶，政治民主化进程不断推进，社会民生保障水平不断提高，生态文明建设取得积极进展。东北老工业基地振兴取得的效果和成绩与政府管理创新密不可分，政府管理创新减轻了现有行政体制对深化改革的阻碍，为经济和社会发展注入了新的活力。但随着改革"深水区"和"攻坚期"的到来，政府管理创新作为东北老工业基地振兴的支撑力和推动力，亦陷入"瓶颈"阶段。

基于制度创新理论、治理理论、组织管理理论、新公共服务理论，将"理念—制度—行为"三个层次作为研究主线，从三个层面深入剖析政府管理创新不足的成因。其中，政府管理理念创新是政府制度创新和行动创新的先导，解放思想观念是政府管理创新的前提和基础；政府管理制度创新承担着承上启下的作用，既是政府管理理念创新落实的承担者，又为政府管理行为创新提供指导，在政府组织的运行进程中发挥着起承转合的连接作用；政府管理行为创新是将政府管理理念创新和政府管理制度创新付诸实践的最后一环，为政府管理创新提供直接经验。

本研究基于当前形势，从政府管理创新的视角出发，梳理东北老工业基地振兴与政府管理创新的关系，提出东北老工业基地振兴需要政府管理创新，倒逼政府管理创新，同时政府管理创新又是东北老工业基地振兴的前提和保障的观点。政府管理创新与东北老工业基地振兴的关系是相互促进的，一方面，东北老工业基地目前面临的经济下行压力较大，经济发展乏力、行政体制改革不彻底、社会民生问题等对政府管理创新形成倒逼之势。在这种形势之下，政府管理创新是振兴东北老工业基地的必然要求、改革先导和重要支点，同时也将为振兴东北老工业基地清除路障。另一方面，随着全面深化改革深入推进，新一轮东北老工业基地振兴改革面临新的困境和挑战，政府管理创新成为新一轮东北老工业基地振兴的迫切需要，是新一轮东北老工业基地振兴的改革重点，也将为新一轮东北老工业基地振兴提供基础保障。

在充分明晰东北老工业基地振兴与政府管理创新内在联系的基础上，根据2017年3月出台的《国务院办公厅关于印发东北地区与东部地区部分省市对口合作工作方案的通知》，对标国内先进地区，以江、浙、沪为参照，综合运用问卷调查法、案例分析法和对比分析法，通过对比黑、吉、辽和江、浙、沪之间在政府管理创新理念、制度和行为方面的法规政策和具体实践，总结和评价东北老工业基地政府管理创新的不足之处，探究政府管理创新不足的深层次原因，认为东北老工业基地政府管理创新不足的主要表现包括：行政职能转变不到位、行政方式因循守旧、管理机制运行不畅、管理流程设定不科学以及政策法规空化、泛化等。导致东北老工业基地政府管理创新不足的主要原因包括：东北老工业基地政府管理创新的理念引导不力、制度保障赢弱、行为落实困难。

继而，本研究从理念、制度与行为三个层面总结了东北老工业基地政府管理创新的重点内容：首先是革故鼎新，树立先进的政府管理创新理念，主要包括重商护商的营商理念、服务先行的行政理念、改革图变的文化理念、以民为本的发展理念、绿色协调的生态理念；其次是与时俱进，制定科学的政府管理创新制度，主要涉及商事登记制度、行政问责制度、文化服务管理制度、社会保障制度、环境保护管理制度等制度革新；最后是多措并举，实施合理的政府管理创新行为，主要包括促进政府经济调控行为的规范性、提升政府对于政治参与的回应性、培养政府创建先进文化的自主性、保证政府公共服务供给的满意度、增强政府生态环境建设的执行力等。根据东北老工业基地政府管理创新存在的不足之处以及政府创新的重点内容，从理念、制度、行为三个层面有针对性地提出东北老工业基地政府管理创新的具体对策，即破除思想禁锢，用先进理念指导政府管理创新；立足发展实际，用科学制度保障政府管理创新；全面高效履职，用规范行为落实政府管理创新。在新时期全面深化改革背景下，通过政府管理理念创新、政府管理制度创新和政府管理行为创新，为新一轮东北老工业基地振兴提供动力和保障。

目　录

第一章 绪论

政府管理创新，是指"政府组织在变革、转型的社会中，不断适应变化和动荡的外在环境，通过形成新的结构流程、机制和行为方式，探寻和建立较为合理的政府体制运转模式，从而确保社会资源能够得到最优化配置，确保最大程度地实现公共利益"[①]，从而促进经济腾飞、政治清明、文化繁荣、科技进步与社会和谐的实现。

"创新"一词自20世纪熊彼特提出之后，经由一个世纪的发展，"创新"已泛化到社会生活的方方面面，理念创新、技术创新、文化创新、管理创新、制度创新，凡此种种，一句话，只要是变化，皆可以谓之"创新"，创新已成为人类的共识和永恒的话题。今天，人们生活于一个创新的时代，人人都有创新的责任、都需尽创新的义务、都应提高创新的能力。

政府管理创新是适应社会发展的必然选择，是国家创新体系建设的重要组成部分。国家创新体系是指一个国家内各有关部门和机构间相互作用而形成的推动创新的系统，它是由社会、经济和科技等组织机构组成的创新整体。国家创新体系由创新主体、创新基础设施、创新资源、创新环境等要素组成。目前，我国已基本形成了政府、企业、科研院所及高校、技术创新支撑服务体系等多角相倚的创新体系。政府管理是其中不可或缺的一股极重要力量。正如习近平总书记强调的，"要坚持科技创新和制度创新'双轮驱

---

① 王丽平，韩艺.创新政府管理和服务方式的原则和领域[J].中国行政管理，2008(1):36.

动'，以问题为导向，以需求为牵引，在实践载体、制度安排、政策保障、环境营造上下功夫，在创新主体、创新基础、创新资源、创新环境等方面持续用力，强化国家战略科技力量，提升国家创新体系整体效能"。政府管理创新是制度创新的重要内容，是创新环境的重要体现。

政府管理创新是实施国家创新驱动发展战略的重要保障，是新时代改革治理创新体系的基本要求。党的十八大明确提出"科技创新是提高社会生产力和综合国力的战略支撑，必须摆在国家发展全局的核心位置"。强调要坚持走中国特色自主创新道路、实施创新驱动发展战略。2016年，中共中央、国务院印发的《国家创新驱动发展战略纲要》明确提出："顺应创新主体多元、活动多样、路径多变的新趋势，推动政府管理创新，形成多元参与、协同高效的创新治理格局。"政府管理创新是国家治理体系创新的重要体现。

20世纪90年代以来，东北地区作为我国重要的工业基地，经济发展速度放缓。党的十六大提出全面建设小康社会的宏伟目标，并明确提出支持东北地区等老工业基地加快调整和改造，支持以资源开采为主的城市发展接续产业。2003年10月，中共中央、国务院发布《关于实施东北地区等老工业基地振兴战略的若干意见》，首次明确了实施振兴战略的指导思想、方针、任务和政策措施。2009年9月11日，国务院发布《关于进一步实施东北地区等老工业基地振兴战略的若干意见》，提出了优化经济结构、加快发展现代农业、推进资源型城市转型、深化省区协作等九大类28条具体意见。为加快实现东北地区等老工业基地全面振兴，中共中央、国务院于2015年12月30日发布《关于全面振兴东北地区等老工业基地的若干意见》，意见指出"全面深化改革、扩大开放是振兴东北老工业基地的治本之策"。东北老工业基地振兴战略实施以来，东北地区取得了丰硕的成果，经济逐渐向着良好态势发展，国有企业改革取得较大成果，基础设施建设不断完善。然而，东北地区与其他地区特别是经济发达地区相比还存在着较大的差距，轻重工业比例失调、工业技术水平滞后、国有企业占比过高等问题依然存在，导致整体地区经济增长效率并不高，一些国有企业发展活力不足，生态建设问题日渐凸显。目前，东北老工业基地发展还面临着发展体制滞后、市场思想转变缓慢等阻碍，因此必须持续推进政府管理创新，唯此才能有效解决东北老工业基地长期以来存在的体制沉疴和思想沉疴之患。

东北老工业基地政府管理创新任务艰巨、形势紧迫。由于长期受计划经济体制和地域文化等诸多因素的影响，东北老工业基地政府职能转变相对迟缓，"万能政府"的思维定势仍很严重，权力导向的管理模式还未根除，政府管理的效能还有待进一步提高，公职人员的履职行为还不规范，法—理—情的位序还未正位，人情行政、经验行政问题突出，这些都是制约东北老工业基地全面振兴的障碍因素。

东北老工业基地全面振兴强烈呼唤政府管理创新。伴随着社会主义市场经济的完善、全面深化改革的进一步深化、老工业基地全面振兴的深入推进，以及每个公民和全部社会活力的不断涌现，东北老工业基地政府的管理理念需要改变，管理制度需要变革，管理行为亟待规范，东北老工业基地的政府管理必须与时俱进、推陈出新，在改革的浪潮中不断扬弃以适应政治、经济和社会的变化，通过行政体制改革等一系列举措来诠释和践行政府管理创新的新内涵。

一、东北老工业基地政府管理创新的政策背景

施政理念的变革创新是政府管理创新的基础和先导。党的十五大报告正式提出，"进一步扩大社会主义民主，健全社会主义法制，依法治国，建设社会主义法治国家"。法治政府是我国政府提出的行政法治理念，要求作为行政机关的政府要严格依法行政，行政机关行为受法律的制约和监督。依

法行政是现代法治国家的必然要求和构成要素。[①]党的十六大报告中明确提出，"进一步转变政府职能，改进管理方式，形成行为规范、运转协调、公正透明、廉洁高效的行政管理体制"。党的十七大报告中指出，"要加快行政管理体制改革，努力建设服务型政府"。服务型政府是按照人民意志建立起来的，以为人民服务为宗旨、承担服务责任的政府。服务型政府以公民本位理念为指导，将保障人民群众身心健康和生命财产安全，不断满足人民群众需要作为其基本职责。在中国政府管理创新进程中，国家提出了建设"法治政府""服务型政府""廉洁政府""透明政府"等施政理念，为政府管理创新政策的提出、持续推进行政改革实践提供了有力指导。

1.党的十八大以来，我国全面深化改革的顶层制度设计，为东北老工业基地政府管理创新提供了宏观政策背景

回顾我国改革开放四十年的发展，我国的改革在改革的层面上，呈现出由点到面、由浅入深；在改革的推进上，呈现出由南到北、由东到西；在改革的组织上，呈现出由"摸着石头过河"的自发先行到强化顶层制度设计的系统推进。

党的十八大以来，为了全面深化改革，我国改革的战略选择突出强调了顶层设计，并努力将顶层设计与"摸着石头过河"辩证统一起来。改革战略的调整反映了党中央和国务院全面推进改革的雄心和魄力，自然也对各级地方党政机关形成了新的压力和倒逼，推动着地方各级党政部门必须按照改革的总要求，与时俱进地调整自己的思维和行为方式，准确响应改革部署，及时呼应民众需求。东北老工业基地政府管理创新是适应我国全面深化改革顶层制度设计的具体体现。

---

①刘旺洪.法治政府的基本理念[J].南京师范大学学报(社会科学版)，2006(4):24-29.

党的十八大以来，为全面推进和深化改革，党中央、国务院推出了一系列的政策文件，对全面深化改革做出了总体的制度安排和要求，为地方政府改革创新指明了方向。这些制度安排和政策精神主要集中在党的十八大报告，十八届三中、四中和五中全会公报和党的十九大报告、十九届四中全会公报中。

党的十八大报告的主题是：高举中国特色社会主义伟大旗帜，以邓小平理论、"三个代表"重要思想、科学发展观为指导，解放思想，改革开放，凝聚力量，攻坚克难，坚定不移沿着中国特色社会主义道路前进，为全面建设小康社会而努力奋斗！党的十八大报告明确了我们举什么旗帜，走什么道路，以怎样的精神状态，朝着什么样的目标前进的根本问题，也为政府改革创新指明了方向。

党的十八届三中全会审议通过的《中共中央关于全面深化改革若干重大问题的决定》，提出了全面深化改革的指导思想、目标任务、重大原则，描绘了全面深化改革的新蓝图、新愿景、新目标，合理布局了深化改革的战略重点、优先顺序、主攻方向、工作机制、推进方式和时间表、路线图，汇集了全面深化改革的新思想、新论断、新举措，是我国在新的历史起点上全面深化改革的科学指南和行动纲领。

党的十八届四中全会部署了全面推进依法治国，指出"全面推进依法治国，总目标是建设中国特色社会主义法治体系，建设社会主义法治国家"，并且明确了全面推进依法治国的重大任务[1]，提出"坚持依法治国首先要坚持依宪治国，坚持依法执政首先要坚持依宪执政"。会议还指出，"全面建成小康社会进入决定性阶段，改革进入攻坚期和深水区，依法治国

---

[1] 人民网.图解:八句话读懂四中全会公报[EB/OL]. http://politics.people.com.cn/n/2014/1023/c1001-25897258.html.

在党和国家工作全局中的地位更加突出、作用更加重大"。实现全面建成小康社会的奋斗目标，落实全面深化改革的顶层设计，都需要法治提供全方位保障。全面推进依法治国，是确保各项改革事业既生机勃勃又井然有序的必然要求。① 党的十八届五中全会强调"实现'十三五'时期发展目标，破解发展难题，厚植发展优势，必须牢固树立并坚持贯彻创新、协调、绿色、开放、共享的发展理念"②，并且针对政府管理创新提出了新要求，即"深化行政管理体制改革，进一步转变政府职能，持续推进简政放权、放管结合、优化服务，提高政府效能，激发市场活力和社会创造力"③。随后，习近平总书记更是对五大发展理念做出详细解读，并强调"创新发展居于首要位置，是引领发展的第一动力"④。

党的十九大报告再次强调："发展是解决我国一切问题的基础和关键，发展必须是科学发展，必须坚定不移贯彻创新、协调、绿色、开放、共享的发展理念。""创新是引领发展的第一动力，是建设现代化经济体系的战略支撑。"在深化机构和行政体制改革部分，党的十九大报告又强调："转变政府职能，深化简政放权，创新监管方式，增强政府公信力和执行力，建设人民满意的服务型政府。"

党的十九届四中全会指出："我国国家制度和国家治理体系具有多方面的显著优势。"其中之一是"坚持改革创新、与时俱进，善于自我完善、自

---

① 人民网.人民日报评论员：用法治为全面深化改革护航[EB/OL]. http://cpc.people.com.cn/pinglun/n/2014/1028/c78779-25919451.html.

② 新华社.中国共产党第十八届中央委员会第五次全体会议公报[EB/OL].http://news.xinhuanet.com/politics/2015-10/29/c_1116983078.htm，2015-10-29/2017-07-06.

③ 新华社.中国共产党第十八届中央委员会第五次全体会议公报[EB/OL].http://news.xinhuanet.com/politics/2015-10/29/c_1116983078.htm，2015-10-29/2017-07-06.

④ 央视网.习总书记"下团组"漫评②：创新发展理念是方向是钥匙[EB/OL].http://www.ce.cn/xwzx/gnsz/szyw/201603/06/t20160306_9308768.shtml，2016-03-06/2017-07-06.

我发展，使社会充满生机活力的显著优势。"中华人民共和国自成立以来，就是在不断的实践探索、不断的改革创新中，建立和完善社会主义制度的。党的十九届四中全会的《决定》在坚持和完善中国特色社会主义行政体制，构建职责明确、依法行政的政府治理体系部分，明确指出："国家行政管理承担着按照党和国家决策部署推动经济社会发展、管理社会事务、服务人民群众的重大职责。必须坚持一切行政机关为人民服务、对人民负责、受人民监督，创新行政方式，提高行政效能，建设人民满意的服务型政府。""创新行政管理和服务方式，加快推进全国一体化政务服务平台建设，健全强有力的行政执行系统，提高政府执行力和公信力。"要"赋予地方更多自主权，支持地方创造性开展工作"。党的十九届五中全会是我国进入新发展阶段召开的一次会议，其审议通过的《中共中央关于制定国民经济和社会发展第十四个五年规划和二〇三五年远景目标的建议》明确指出，"坚持创新在我国现代化建设全局中的核心地位，把科技自立自强作为国家发展的战略支撑"。建议中还强调要全面深化改革，"更好发挥政府作用，推动有效政府和有为政府更好结合"①。党的十九届五中全会明确了我国发展进入新发展阶段的历史方位，我国现代化建设必须贯彻新发展理念的指导原则，"坚定不移贯彻创新、协调、绿色、开放、共享的新发展理念"，要"坚持以人民为中心，坚持新发展理念，坚持深化改革开放，坚持系统观念"。新发展理念为增强创新能力、推动发展平衡提供理论指导。

党的十八大以来，以习近平同志为核心的党中央做出的这些重要战略部署和顶层制度设计，是新时代我国各级政府管理创新的重要宏观政策依据。可以说，政府管理创新是实现中华民族伟大复兴的必然选择，更是时代发展

---

① 人民网. 十九届五中全会公报要点[EB/OL]. http://cpc.people.com.cn/n1/2020/1029/c164113-31911575.html.

所赋予的重要任务与使命。

2.东北老工业基地全面振兴号角的再次吹响，为东北老工业基地政府管理创新提供了充分的政策空间

2016年4月，针对东北老工业基地全面振兴的指导性政策出台，即《中共中央国务院关于全面振兴东北地区等老工业基地的若干意见》（下文简称《意见》）。该《意见》要求"到2020年，东北地区在重要领域和关键环节改革上取得重大成果，转变经济发展方式和结构性改革取得重大进展"[①]。由此可见，新一轮的东北老工业基地全面振兴战略无论是在目标还是在思路上都不同于以往的老工业基地振兴战略，尤其是在破解体制机制障碍这一影响东北老工业基地全面振兴的主要矛盾上，在新一轮的振兴战略中要求从根本入手解决现实问题，更强调体制机制创新。

《意见》中"创新"一词被提及47次，并在坚持五大发展理念的基础上，明确指出，"抓创新就是抓发展，谋创新就是谋未来"，东北老工业基地地方政府须坚持"变中求新、变中求进、变中突破"，"加快转变政府职能，进一步理顺政府和市场关系，着力解决政府直接配置资源、管得过多过细以及职能错位、越位、缺位、不到位等问题。以建设法治政府、创新政府、廉洁政府、服务型政府为目标，进一步推动简政放权、放管结合、优化服务"[②]并以此为基础将行为举措逐步细化，对政府管理创新提出具体要求，"继续深化行政审批制度改革，大幅减少行政审批事项，凡能取消的一律取消，凡能下放的一律下放，着力简化办事流程，压缩审批时限，提

---

① 新华社.中共中央 国务院关于全面振兴东北地区等老工业基地的若干意见[EB/OL].
http://www.gov.cn/zhengce/2016-04/26/content_5068242.htm，2016-04-26/2017-07-06.
② 新华社.中共中央 国务院关于全面振兴东北地区等老工业基地的若干意见[EB/OL].
http://www.gov.cn/zhengce/2016-04/26/content_5068242.htm，2016-04-26/2017-07-06.

高审批效率，同步强化事中事后监管。深入推进商事制度改革，积极推广政府和社会资本合作（PPP）模式。依法履行政府职能，加快建立和完善权力清单、责任清单、负面清单管理模式。健全依法决策机制，强化对权力的约束和监督。完善地方政府绩效评价体系和评估机制"[1]，努力将东北老工业基地打造为转变政府职能和创新管理体制的先行区。在随后的东北振兴"十三五"规划中，更是将创新的重要性显露无遗，其中"创新"一词，出现100次，面对东北老工业基地尚待解决的体制机制障碍、弱化的公共服务供给、突出的城乡二元结构、基层政府保守落后的管理理念，推动政府管理创新无疑是一剂良方，可以解决东北老工业基地的本质问题，冲破深层次障碍。2018年9月习近平总书记在东北三省考察后，主持召开了深入推进东北振兴座谈会并发表重要讲话。他强调，要认真贯彻新时代中国特色社会主义思想和党的十九大精神，落实党中央关于东北振兴的一系列决策部署，坚持新发展理念，解放思想、锐意进取，瞄准方向、保持定力，深化改革、破解矛盾，扬长避短、发挥优势，以新气象新担当新作为推进东北振兴。习近平总书记就深入推进东北振兴提出了六个方面的要求：一是以优化营商环境为基础，全面深化改革；二是以培育壮大新动能为重点，激发创新驱动内生动力；三是科学统筹精准施策，构建协调发展新格局；四是更好支持生态建设和粮食生产，巩固提升绿色发展优势；五是深度融入共建"一带一路"，建设开放合作高地；六是更加关注补齐民生领域短板，让人民群众共享东北振兴成果。习近平总书记的讲话突出强调了，一要坚定改革信心，二要激发创新活力。他指出："要坚定改革信心，在谋划地区改革发展思路上下功夫，在解决突出矛盾问题上下功夫，在激发基层改革创新活力上下功夫。要重点

---

[1] 新华社.中共中央 国务院关于全面振兴东北地区等老工业基地的若干意见[EB/OL].
http://www.gov.cn/zhengce/2016-04/26/content_5068242.htm, 2016-04-26/2017-07-06.

从有利于深化供给侧结构性改革、有利于加快培育经济增长新动能、有利于激发各类市场主体活力、有利于增强人民群众获得感、有利于调动保护广大干部群众积极性等方面完善改革思路，做实改革举措，释放改革活力，提高改革效能。要多方面采取措施，创造拴心留人的条件，让各类人才安心、安身、安业。""要依靠创新把实体经济做实、做强、做优，坚持凤凰涅槃、腾笼换鸟，积极扶持新兴产业加快发展，尽快形成多点支撑、多业并举、多元发展的产业发展格局。"①

总之，中央的精神与政策为东北老工业基地的发展与振兴拨开了层层迷雾，为东北老工业基地政府管理创新指明了方向与路径，现阶段，须在巩固政府管理创新现有成果的基础上，探索适应东北老工业基地的政府管理理念创新、制度创新和行为创新，从而为东北老工业基地的全面振兴提供助力和支持。

二、东北老工业基地政府管理创新研究的文献回顾

1. 基础性文献分析

（1）东北老工业基地振兴的相关研究

2003年以来，党中央、国务院对东北老工业基地的振兴问题尤为重视，并专门成立了振兴东北地区等老工业基地领导小组，在学术界也掀起了一场关于东北老工业基地振兴问题的研究热潮。东北老工业基地振兴是本选题的重要背景，因此，在文献回顾部分有必要将东北老工业基地振兴的相关研究成果作为基础性文献进行梳理。为了全面、系统地完成文献回顾工作，本研究主要采用文献计量的可视化方法，厘清东北老工业基地振兴研究的发文量、主题、关键词等内容，把握东北老工业基地振兴研究的整体概况（数据

---

① 习近平在东北三省考察并主持召开深入推进东北振兴座谈会.中华人民共和国中央人民政府网http://www.gov.cn/xinwen/2018-09/28/content_5326563.htm.

截至2020年3月4日）。

第一，关于东北老工业基地振兴的发文量和主题分布。

本研究以中国知网（CNKI）为检索平台，选择"高级检索"模块中的"文献"栏目，以"主题=东北老工业基地振兴"为检索条件，搜索到3238篇文献（相关文献），以"篇名=东北老工业基地振兴"为检索条件，搜索到399篇文献（直接文献），占相关论文的12.32%。

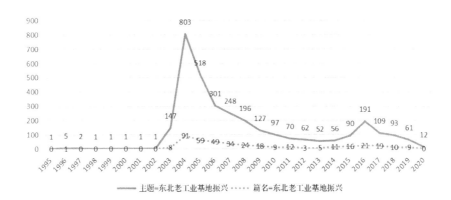

图1 东北老工业基地振兴相关及直接文献数量趋势统计图

资料来源：http://www.cnki.net/

由图1可知，东北老工业基地振兴的研究成果出现于20世纪90年代。2003年，正式提出东北老工业基地振兴战略，因此，相关文献和直接文献的发文量均在2003年后得到明显增加。2016年，中央针对东北老工业基地振兴的指导性政策出台，即《中共中央国务院关于全面振兴东北地区等老工业基地的若干意见》，因此，在2016年，东北老工业基地振兴的研究成果数量迎来第二个峰值。

表1　东北老工业基地振兴相关文献主题分布

主题	个数	百分比
东北老工业基地	600	18.53%
振兴东北老工业基地	554	17.11%
东北老工业基地振兴	405	12.51%
老工业基地	275	8.49%
振兴东北	255	7.88%
东北振兴	172	5.31%
老工业基地振兴	94	2.90%
东北地区	91	2.81%
全面振兴	56	1.73%
黑龙江省	47	1.45%
吉林省	38	1.17%
黑龙江	38	1.17%
振兴老工业基地	36	1.11%
科学发展观	35	1.08%
新一轮	34	1.05%
对策研究	31	0.96%
区域经济	31	0.96%
国务院	24	0.74%
东北三省	21	0.65%
产业集群	21	0.65%
东北经济	20	0.62%
东北老工业基地改造	20	0.62%
几点思考	18	0.56%
制造业	18	0.56%
研讨会	17	0.53%
工业基地	17	0.53%
区域经济发展	16	0.49%
吉林老工业基地	14	0.43%
东北经济振兴	14	0.43%
老工业基地改造	13	0.40%
战略思考	13	0.40%
国企改革	13	0.40%
哈尔滨	13	0.40%
民营经济	13	0.40%
东北亚	13	0.40%

表2 东北老工业基地振兴直接文献主题分布

主题	个数	百分比
东北老工业基地振兴	393	98.50%
东北老工业基地	125	31.33%
老工业基地	72	18.05%
老工业基地振兴	14	3.51%
产业集群	6	1.50%
研讨会	6	1.50%
非公有制经济发展	5	1.25%
振兴战略	5	1.25%
非公有制经济	4	1.00%
策略研究	4	1.00%
职业教育	4	1.00%
民营经济	4	1.00%
民营经济发展	4	1.00%
振兴路径	4	1.00%
开放大学	4	1.00%
黑龙江省	4	1.00%
生态文明	3	0.75%
东北亚区域经济合作	3	0.75%
黑龙江	3	0.75%
人事人才工作	3	0.75%
科学发展观	3	0.75%
制造业	3	0.75%
后发优势	3	0.75%
吉林省	3	0.75%
对策研究	3	0.75%
学术研讨会	3	0.75%
东北亚	3	0.75%
金融支持	3	0.75%
技术创新	3	0.75%
开放大学建设	3	0.75%
习近平	3	0.75%
文化旅游开发	2	0.50%
政府公共服务能力	2	0.50%
东北亚区域合作	2	0.50%
再思考	2	0.50%

东北亚经济合作	2	0.50%
战略升级	2	0.50%
国有企业	2	0.50%
问题的思考	2	0.50%
金融业	2	0.50%

资料来源：http://www.cnki.net/

如表1和表2所示，东北老工业基地振兴相关文献和直接文献的前30个主题中，主要包括三类主题，第一类围绕东北老工业基地的基本特征展开，如资源型城市、装备制造业、加工工业、制造业等；第二类围绕东北老工业基地的振兴目标展开，如可持续性发展、区域经济发展、民营经济发展、全面振兴、新一轮等；第三类围绕东北老工业基地振兴的着力点展开，如经济结构、财政管理、财政金融、企业管理、产业集群等。此外，在东北老工业基地振兴的相关文献和直接文献中存在80%左右的共同主题，可见，学者们对于东北老工业基地振兴的研究相对聚焦，故主题词相对集中。

第二，东北老工业基地振兴高水平研究的发文量和主题分布。

在中国知网平台中，以"高级检索"模块的"期刊"栏目作为文献检索入口，选定期刊中的SCI、EI、核心、CSSCI、CSSCD数据库，以"主题=东北老工业基地振兴"为检索条件，搜索到768篇文献（相关文献），占相关文献总数的23.72%；以"篇名=东北老工业基地振兴"为检索条件，搜索到124篇文献（直接文献），占直接文献总数的31.10%，占高水平相关文献总数的16.15%，由此可见，关于东北老工业基地振兴的高水平文献发表数量相对较少。

由图2可知，关于东北老工业基地振兴的高水平研究始于20世纪90年代，在2003年提出东北老工业基地振兴战略后，高水平文献开始逐渐增多。分别分析相关研究和直接研究的关键词共现网络，发现关于东北老工业

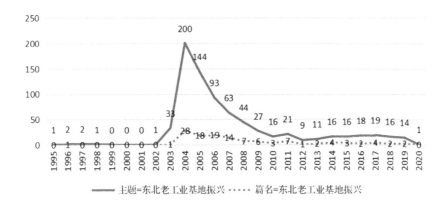

图2 东北老工业基地振兴高水平相关及直接研究趋势统计图

资料来源：http://www.cnki.net/

基地振兴的高水平研究成果较为聚焦，除去东北老工业基地振兴的相关近义词汇外，企业、企业管理、创新等为核心关键词，可见，完善企业管理、强化创新是促进东北老工业基地振兴的有力抓手。

第三，关于东北老工业基地振兴的硕博论文研究趋势。

在中国知网平台中，以"高级检索"模块作为文献检索入口，选定"博硕士"检索栏目，以"主题＝东北老工业基地振兴"搜索到232篇文献（相关文献），占相关文献总数的9.57%；以"题名＝东北老工业基地振兴"搜索到28篇文献（直接文献），占直接文献总数的5.85%。梳理"放管服"改革相关和直接学位论文的关键词（如图3、图4所示），发现关于东北老工业基地振兴的学位论文大多依托于企业层面来展开，如企业改造、企业合作、产业集群、企业竞争等，比较关注企业在东北老工业基地振兴中的重要作用。

第四，关于东北老工业基地振兴研究的基金资助情况。

自从国家提出东北老工业基地振兴战略以来，得到学界广泛关注，也得到国家各级科研基金项目的大力支持。本研究选取"国家社会科学基金项

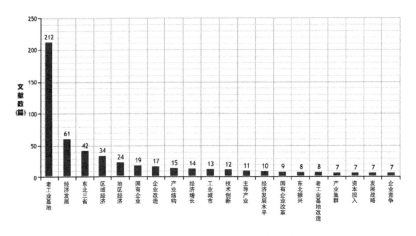

图3 学位论文相关研究关键词统计

资料来源：http://www.cnki.net/

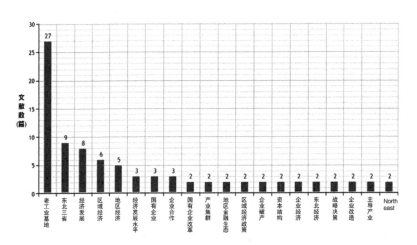

图4 学位论文直接研究关键词统计

资料来源：http://www.cnki.net/

目"作为参照，通过国家社科基金项目数据库平台对东北老工业基地振兴相关项目进行查询，结果显示：以"东北老工业基地"为名称的项目有14个，其中有一项为国家社科基金重点项目，项目名称为"振兴东北老工业基地重大体制机制问题及对策研究"；以"东北老工业基地振兴"为名称的项目共有6个，均为国家社科基金一般项目，立项时间最近的为2013年，可见现阶段学界对东北老工业基地振兴问题的研究重视程度相对弱化，同时也表明这一课题在新时期仍存在较大研究价值和研究空间。

（2）政府管理创新的相关文献

政府管理创新是本选题的重要研究内容，东北老工业基地的政府管理创新问题与全国层面的政府管理创新以及其他地方政府的管理创新直接相关。因此，有必要采用文献计量的可视化方法对关于政府管理创新的研究成果进行系统回顾，厘清政府管理创新研究的整体概况，为本研究的顺利展开打下坚实的文献基础（数据截至2020年3月5日）。

第一，关于政府管理创新研究的期刊发文情况。

为了更准确地反映当前研究现状，有效地把握研究的趋势和主要情况，本研究将中国学术期刊网络出版总库（CNKI）作为数据收集平台，以"高级检索"模块作为文献检索入口，在期刊部分选择CSSCI数据库，以"主题=政府管理创新或含政府创新"为检索条件，搜索到1338条结果，年度发文趋势如图5所示。

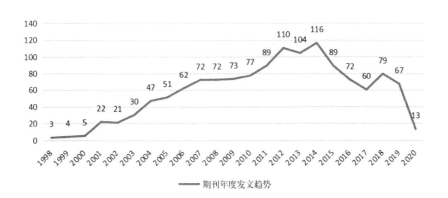

图5　政府管理创新研究的期刊年度发文趋势

资料来源：http://www.cnki.net/

从发文趋势图中可以看出，政府管理创新研究于1998年出现在CSSCI数据库中，并于21世纪初开始呈现上升趋势，这与我国开始设立"中国地方政府创新奖"的现实情况相符合，而后2014年达至峰值116篇，并在一定程度上保持了研究热度（由于2020年的数据尚不完整，故在图中出现严重下滑）。

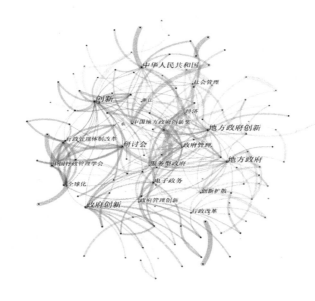

图6 政府管理创新研究的关键词共现网络

资料来源：citespace5.5.R2运行结果

在政府管理创新研究的关键词共现网络中，可将上述核心词汇大致分为五类：第一类是关于政府管理创新重要性的研究，从国际视角看，政府管理创新符合全球化的发展趋势；从国内视角来看，注重政府管理创新与行政改革的关系，强调政府管理创新在促进国家行政管理体制改革中的重要作用。第二类是关于政府管理创新目标的研究，强调建设人民满意的服务型政府是各级政府部门推进管理创新的终极目标。第三类是关于政府创新内容的研究，主要侧重于技术创新，尤其是电子政务的推进与发展，成为政府管理创新中不可或缺的组成部分。第四类是关于政府管理创新过程的研究，创新扩散过程引发众多学者的思考，如何将典型的创新经验与做法进行扩散是当前学界关注的焦点。第五类是关于政府管理创新问题的研究方法，主要采用案例研究法，尤其是发生在广东、浙江等发达地区的典型案例，这些案例大多来源于中国地方政府创新奖。

第二，关于政府管理创新高水平研究的期刊发文情况。

在中国知网平台中，以"高级检索"模块的"期刊"栏目作为文献检索入口，选定期刊中的SCI、EI、核心、CSSCI、CSSCD数据库，以"主题=政府管理创新"为检索条件，搜索到相关文献1080篇；以"篇名=政府管理创新"为检索条件，搜索到直接文献142篇，占高水平相关文献总数的13.1%，由此可见，政府管理创新主题相关的高水平文献数量较多，但是直接文献发表数量相对较少。

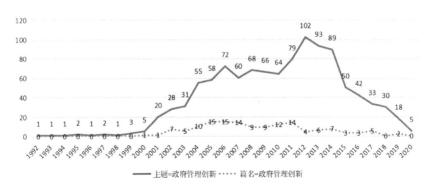

图7 东北老工业基地振兴高水平相关及直接研究趋势统计图

资料来源：http://www.cnki.net/

由图7可知，关于政府管理创新的高水平研究开始于20世纪90年代，并在21世纪初呈现快速增长的趋势，随着2002年党的十六大明确政府职能、2003年政府大规模开展机构改革，关于政府管理创新的高水平文献呈较快速度增长，在2005年至2006年间达到较高数量，在2010年至2011年间又迎来新的增长高峰，随后呈波动式下滑趋势。

分别对相关文献和直接文献的关键词共现网络进行分析，结果如图8、图9所示，发现关于政府管理创新的高水平相关研究关键词较为分散，高水平直接研究的主题较为鲜明，核心关键词主要包括：一是地方政府管理、区域公共管理的研究，二是对于政府管理体制、制度创新的研究，三是对电子政务的研究。可见政治体制改革、地方政府管理创新、电子政务建设等是政府管理创新的主要方向。

图8　高水平相关研究关键词共现网络

图9　高水平直接研究关键词共现网络

资料来源：citespace5.7.R2运行结果

第三，关于政府管理创新的硕博士论文分布。

在中国知网平台中，以"高级检索"模块作为文献检索入口，选定博硕士论文检索栏目，以"主题=政府管理创新或含政府创新"为检索条件，搜索到硕博学位论文878篇，其中博士学位论文118篇，硕士学位论文760篇，图10为分年度论文数量分布图。

图10 关于政府管理创新的硕博学位论文的分年度数量分布图

资料来源：http://www.cnki.net/

根据图10可知，关于政府管理创新研究的学位论文出现于21世纪初期，其中硕士学位论文出现于2001年，博士学位论文则稍晚，出现于2004年。从论文数量角度看，自出现以来，研究数量总体上呈上升趋势，硕士论文于2012年达到峰值60篇，博士论文于2013年达到峰值11篇。

表3和表4分别显示了博士和硕士学位论文中排名前30的关键词，其中存在5个共有关键词，即政府管理创新、行政改革、技术创新、社会管理和电子政务，其余80%左右的词汇均为各自独有的关键词，可见博士学位论文和硕士学位论文的研究侧重点尚不相同，博士学位论文中的关键词多为创新投入、创新价值、经济增长、经济发展水平等词汇，硕士学位论文中的关键词多为服务型政府、管理模式创新、机构改革、公众服务等词汇。

表3　博士学位论文的关键词分布

主题	个数	百分比
地方政府	12	10.17%
创新研究	8	6.78%
地方政府创新	7	5.93%
政府创新	5	4.24%
科技创新	4	3.39%
区域创新	3	2.54%
制度创新	3	2.54%
社会管理	3	2.54%
政府管理	3	2.54%
政府制度创新	3	2.54%
地方政府职能转变	3	2.54%
创新政策	3	2.54%
企业技术创新	3	2.54%
创新绩效	3	2.54%
电子政务	3	2.54%
协商民主	2	1.69%
政府治理创新	2	1.69%
自主创新	2	1.69%
协同治理	2	1.69%
企业创新	2	1.69%
电子政务环境	2	1.69%
中小企业	2	1.69%
政府行为	2	1.69%
转型期	2	1.69%
政府资助	2	1.69%
社会管理创新	2	1.69%
行政管理	2	1.69%
合作治理	2	1.69%
管理创新	2	1.69%
管理体制创新	2	1.69%
政府管理创新	2	1.69%
县级政府	2	1.69%
政府绩效评估	2	1.69%
地方治理	2	1.69%

续表

政府研发资助	2	1.69%
地方政府治理	2	1.69%
技术创新	2	1.69%
影响机理	2	1.69%
农业投资	1	0.85%
体制重塑	1	0.85%

表4 硕士学位论文的关键词分布

主题	个数	百分比
政府管理创新	74	9.74%
地方政府	69	9.08%
创新研究	69	9.08%
电子政务	46	6.05%
社会管理创新	35	4.61%
管理创新	31	4.08%
政府管理	30	3.95%
社会管理	27	3.55%
制度创新	26	3.42%
地方政府创新	23	3.03%
服务型政府	20	2.63%
政府制度创新	17	2.24%
政府治理创新	17	2.24%
县级政府	13	1.71%
管理体制创新	13	1.71%
政府创新	13	1.71%
企业技术创新	12	1.58%
政府社会管理	11	1.45%
技术创新	11	1.45%
大数据	11	1.45%
政府治理	10	1.32%
管理模式	10	1.32%
政府管理模式创新	9	1.18%
政府补贴	9	1.18%
政府补助	8	1.05%
创新绩效	8	1.05%

续表

基层政府	8	1.05%
乡镇政府	8	1.05%
管理模式创新	7	0.92%
中小企业	7	0.92%
对策研究	7	0.92%
政府行为	6	0.79%
企业创新投入	6	0.79%
电子政务建设	6	0.79%
知识管理	6	0.79%
服务型政府建设	6	0.79%
管理机制创新	6	0.79%
比较研究	6	0.79%
地方政府治理	6	0.79%
实证研究	6	0.79%

资料来源：http://www.cnki.net/

第四，关于政府管理创新研究的基金资助情况。

近年来，政府管理创新问题受到理论界与实务界的共同关注，相关研究也陆续得到国家各级科研基金项目的大力支持。本研究选择"国家社会科学基金项目"作为参照，通过国家社科基金项目数据库平台查询，统计以"政府管理创新"或"政府创新"为名称的项目共有21个，其中3个为国家社科基金重点项目，分别为"国家创新型试点城市的政府创新治理研究""中国公共管理的重大理论问题与政府管理创新的对策研究"和"新农村建设中的地方政府创新"，可见政府管理创新问题极具研究价值，且国家社科基金项目数量尚不充足，仍旧具有一定的研究空间。

2.核心文献分析

政府管理创新作为深化行政体制改革和构建创新型国家的重要内容，不仅是时代所赋予的任务与使命，更是一项长期且持续的系统工程。对于东北老工业基地而言，政府管理创新对走出当前的发展困境与瓶颈具有重要作用，在实现东北老工业基地的全方位振兴中更占据着举足轻重的地位。本研究将首先厘清东北老工业基地政府管理创新研究的整体概况，而后从重要性与必要性、价值取向、动力机制、存在问题及成因和创新路径五个方面入手，分析东北老工业基地政府管理创新的研究现状。简言之，通过明晰当前东北老工业基地政府管理创新的研究现状，有的放矢地面对东北老工业基地振兴中的问题与困境，这不但影响着东北老工业基地政府改革的发展方向，而且决定着东北老工业基地未来的创新之路。

（1）东北老工业基地政府管理创新研究的整体概况

截至2020年3月6日，在中国知网中，选择"高级检索"模块中的"文献"栏目，以"主题=政府创新"或含"政府管理创新"并且"东北"或含"老工业基地"为条件，检索到相关文献31篇，通过进一步筛选，发现与东北老工业基地政府管理创新研究直接相关的文献共计19篇，其中包含期刊论文13篇、学位论文5篇、会议论文1篇，如表5所示。

如表5所示，关于东北老工业基地政府管理创新的研究成果集中分布于2004至2017年间。在2003年首次出台《中共中央　国务院关于实施东北地区等老工业基地振兴战略的若干意见》后，在学术界掀起一场东北老工业基地政府管理创新相关研究的高潮，但近期的相关文献成果分布零散，且相对较少，尤其是在2016年《中共中央　国务院关于全面振兴东北地区等老工业基地的若干意见》出台后，针对东北老工业基地政府管理创新研究的新一轮文献成果尚未形成。因此，在新的政策方针陆续出台的背景下，亟须重视与加强东北老工业基地政府管理创新的相关研究。

（2）东北老工业基地政府管理创新的必要性与重要性研究

东北老工业基地政府管理创新的必要性与重要性研究是政府管理创新研究的前提与基础，彰显着政府管理创新研究的意义与价值。针对曾享有"共

表5 东北老工业基地政府管理创新相关文献的整体概况

序号	文献名称	作者	期刊名称/会议/学位授予单位	年份
1	地方政府创新是振兴东北老工业基地的关键	尹华 崔燕	行政与法	2004
2	政府创新与东北老工业基地建设	彭向刚	新长征	2004
3	政府创新与振兴东北老工业基地	何强	黑龙江对外经贸	2005
4	论振兴东北过程中的政府管理体制创新	袁忠海	东北师范大学	2005
5	论政府创新与老工业基地建设	彭向刚	云南行政学院学报	2006
6	东北地区区域经济发展与地方政府管理行为创新	杨恺钧	哈尔滨商业大学学报（社会科学版）	2006
7	振兴东北老工业基地务必着力推进政府管理创新	张凤文	辽宁行政学院学报	2006
8	我国地方政府几种管理模式创新及其对东北老工业基地的启示	关晓丽	税务与经济（长春税务学院学报）	2006
9	论政府创新与老工业基地建设	彭向刚	政府创新的理论与实践（会议）	2006
10	振兴东北过程中的政府管理体制创新	金杰	合作经济与科技	2007
11	在应对危机保增长促振兴中推进政府管理创新	许卫国	行政管理改革	2009
12	发展沈阳近海经济区与创新政府管理体制研究	林强	东北大学	2010
13	我国地方政府管理创新的财力保障路径研究——以我国东北某市为例	韦红云	东北师范大学	2012
14	振兴东北老工业基地政府管理创新问题研究	张意	东北师范大学	2012
15	对东北三省政府创新就业公共服务体系问题的思考	孔微巍 赵璐诗 张晓博	商业经济	2013
16	东北地方政府创新动力之现状、原因与对策——基于"地方政府创新奖"的分析	李靖 张舜禹	东北师大学报（哲学社会科学版）	2013
17	论民生问题与政府创新——以东北老工业基地为例	崔英芬	前沿	2015
18	地方政府创新者的行为动力研究——以东北地区为例	张舜禹	吉林大学	2015
19	振兴东北过程中的政府管理体制的创新	张紫函	才智	2017

资料来源：http://www.cnki.net/

和国长子"之美誉的东北老工业基地在现代化进程中出现的落伍与迟滞现象，经济学界提出了"结构说""体制说""国有企业比重过大说""项目怪圈说"和"东北人观念落后说"五种主流学说，尹华、崔燕认为，东北老工业基地的落后是受到上述五个因素的综合影响所致，且上述五个因素均为计划经济体制下的产物，由此，政府作为改革的推动者和被改革对象亟须通过管理创新，消除计划经济色彩，破除体制性障碍。①地方政府的角色定位对于冲破体制性障碍至关重要，政府既是改革的组织者和推动者，同时又是改革的对象。振兴东北老工业基地关键是地方政府工作的创新，必须在思想上走出"老思路解决老问题"的怪圈、在体制上深化市场体制改革、在机制和发展方式等方面进行全面革新。在此基础上，彭向刚进一步提出，意欲实现东北老工业基地振兴，必须首先进行政府管理创新。究其原因，一方面，政府本位、行政成本高昂等"政府病"是东北老工业基地发展迟滞的症结之一；另一方面，在社会主义市场经济条件下，虽然市场在资源配置中起决定性作用，但是政府的作用不容忽视，尤其在振兴进程初期，市场经济发展仍处于相对滞后的阶段，须通过政府管理创新，发挥政府在振兴中的有效作用②。除此之外，杨恺钧将政府管理创新的必要性与重要性的论证进一步细化，从区域经济发展的角度系统阐释了政府管理行为创新的现实意义，并将其总结为：一是地方政府的制度创新有利于区域经济发展；二是破除行政壁垒，建立区域经济合作组织；三是改革地方政府管理方式，强化行业协会功能；四是实施地区财税政策，促进区域经济发展。③

---

①尹华，崔燕.地方政府创新是振兴东北老工业基地的关键[J].行政与法(吉林省行政学院学报)，2004(9): 49-51.

②彭向刚.论政府创新与老工业基地建设[J].云南行政学院学报，2006(2): 4-7.

③杨恺钧.东北地区区域经济发展与地方政府管理行为创新[J].哈尔滨商业大学学报(社会科学版)， 2006(3):73-76.

（3）东北老工业基地政府管理创新的价值取向研究

政府管理创新的理论缘起可追溯至20世纪80年代曾在英、美等发达国家盛极一时的新公共管理运动。该运动以现代经济学、私营企业管理理论及方法为理论支撑，奥斯本和盖布勒更是针对政府改革给出了十条"药方"，这不仅勾勒出了当代西方国家政府改革与发展的方向，更为世界各国的政府改革提供了可借鉴的管理方式与模板。立足发展现实，面对东北老工业基地在振兴进程中对政府管理创新的呼唤，政府管理创新成为振兴东北老工业基地的主要举措，由此，张凤文提出，振兴东北老工业基地的关键重在推进政府管理创新，通过政府管理创新，构建服务型政府、有限政府、民本位政府和能本管理政府的价值取向，以此强化公务员的服务意识、适度意识、权利本位意识和绩效考评意识。[1]政府管理方法、政府管理制度、政府管理职能转变、政府管理创新能力、政府管理理念和政府管理水平等因素都将对东北老工业基地的振兴起到至关重要的作用。此外，彭向刚指出东北老工业基地振兴必须先进行政府管理创新，破除计划经济体制和观念的阻碍，有效发挥政府的作用，他详细阐述了人本政府、服务政府、有限政府、效率政府、透明政府、诚信政府、法治政府、责任政府八个施政理念的具体内涵，从施政理念、政府职能、政府体制和行政方式四个维度，具体剖析了政府管理创新的价值取向，为东北老工业基地政府管理创新勾勒出一幅美好的蓝图。[2]在加快政府管理体制改革的背景下，许卫国更是明确提出了要坚持保增长、保民生、保稳定、促振兴的政府管理创新目标。[3]

---

[1]张凤文.振兴东北老工业基地务必着力推进政府管理创新[J].辽宁行政学院学报，2006(7): 5-6.

[2]彭向刚.论政府创新与老工业基地建设[J].云南行政学院学报，2006(2):4-7.

[3]许卫国.在应对危机保增长促振兴中推进政府管理创新[J].行政管理改革，2009(1):47-49.

（4）东北老工业基地政府管理创新的动力机制研究

有关政府管理创新的动力来源，在学界可谓众说纷纭，有源于社会实践的提法，更有学者提出其创新动因是源自国内外形势的压力、政治精英的努力和社会发展需求三方综合作用的结果，为此，李靖、张舜禹在准确把握东北老工业基地客观发展现实的基础上，从组织行为学的角度提出，地方政府管理创新动力是指地方政府作为行为主体在输出政府管理创新行为过程中激发该行为产生并使之不断持续的各种内生因素和外生因素的总和，并以2000至2012年六届中国政府创新奖的参与和获奖情况为分析样本，充分结合其自身的发展情况和与其他省份的比对情况，提出东北老工业基地是受制于普遍惰性、心理惯性与官本位意识的结合，安于现状与胜者全得意识的结合以及人情文化、重情重义等内生需求和东北老工业基地政府间的盲目竞争，缺乏科学、合理的激励机制等外部诱因，加之东北老工业基地的创新自主性尚未被完全开发，从而造成政府管理创新动力匮乏，导致部分创新举措夭折于途中的结果。[1]孔微巍等则从微观视角出发，以政府创新就业公共服务体系为例提出，东北老工业基地存在财政支持体系弱化、服务技术手段落后等客观因素制约政府创新。[2]

（5）东北老工业基地政府管理创新存在问题及成因研究

东北老工业基地政府管理创新改革措施一直以来持续推进，但是因计划经济体制和旧观念思想的束缚，东北老工业基地政府管理创新进程缓慢，仍然存在着诸多困境。李靖、张舜禹通过对东北地区地方政府创新奖的分析，

---

①李靖，张舜禹.东北地方政府创新动力之现状、原因与对策——基于"中国地方政府创新奖"的分析[J].东北师大学报(哲学社会科学版)，2013(5):18-23.
②孔微巍，赵璐诗，张晓博.对东北三省政府创新就业公共服务体系问题的思考[J].商业经济，2013(3):5-8.

认为东北地方政府存在创新能力相对匮乏的问题。[1]韦红云以东北地区某市为例分析了地方政府管理创新出现财力困境的原因。[2]金杰认为，东北地区政府管理创新存在的问题主要包括：受计划经济管理体制影响严重，地方政府发展经济能力有限；实行"强政府、弱社会"的管理模式，对国有企业控制过强，社会福利资源无法满足社会需求；地方政府内部管理体制上"官本""人治"现象严重，影响政府形象与公信力；"臣民型"行政文化广泛存在，成为制约东北经济进一步向市场化转轨的重要因素[3]。张意认为，东北老工业基地政府管理创新滞后主要归因于理念的落后，此外，东北老工业基地政府管理创新还面临着职能转变不到位、体制机制不健全、法治建设不平衡、行政方式不够透明公开等问题[4]。东北老工业基地政府管理创新不足的影响因素主要包括以下几点：一是政府包揽一切的做法挤压了市场机制作用的空间，高度集中的计划对社会需求和产业发展都产生不良影响；二是政府对公共权力的无界限占有影响了资源配置的效果，政府行政权力的过分干预使得国有企业缺乏"自主性"；三是政府职能定位不清侵害了经济主体的合法权益，国有企业的问题是东北老工业基地的主要问题。

（6）东北老工业基地政府管理创新的路径研究

研究者们结合东北老工业基地的发展实际，从诸多维度提出了政府管理创新的路径选择。从政府行政体制和运行机制的角度出发，何强提出现阶段政府须以政企分开、政市分开、政社分开为着力点，明晰自身职能定位，推进政府管理创新，实现政府自身的变革与蜕变。[5]张紫函则进一步提出要立

---

[1]李靖，张舜禹.东北地方政府创新动力之现状、原因与对策——基于"中国地方政府创新奖"的分析[J].东北师大学报(哲学社会科学版)，2013(5):18-23.

[2]韦红云.我国地方政府管理创新的财力保障路径研究[D].东北师范大学，2012.

[3]金杰.振兴东北过程中的政府管理体制创新[J].合作经济与科技，2007(06):54-55.

[4]张意.振兴东北老工业基地政府管理创新问题研究[D].东北师范大学，2012.

[5]何强.政府创新与振兴东北老工业基地[J].黑龙江对外经贸，2005(8):51-52.

足于理念、政府间关系、技术等方面优化政府管理模式，促进东北振兴。[①]从政府管理行为创新的角度出发，杨恺钧提出了将行政管辖权与经济开发权进行适当分离，并加强政府间合作的创新举措。[②]从政府创新动力的角度出发，李靖、张舜禹提出在坚持以中国地方政府创新奖为导向的前提下，东北老工业基地地方政府须通过转变创新观念、设定合理目标、鼓励合作创新、培养政治能动性与创新意愿兼具的创新者四方面，提升东北老工业基地政府管理创新的动力。[③]此外，关晓丽从对发达地区的借鉴入手，在充分梳理上海浦东新区、深圳市以及重庆市的先进经验后，提出东北老工业基地要从精简机构、减少中间管理层次、建设服务型政府等方面实现政府管理创新。[④]崔英芬从解决东北老工业基地的民生问题入手，提出东北地区要从更新观念、转变职能、加强服务、提高执政效率等方面出发实现政府创新。[⑤]

（7）东北老工业基地政府管理创新研究的评价与引申

通过对东北老工业基地政府管理创新研究既有文献的梳理可知，东北老工业基地政府管理创新的相关研究已在学界引起重视，并已积累了一定的学术研究成果。其一，既有文献对政府管理创新在东北老工业基地振兴中的重要性与必要性进行了较为充分的论证，在学术界对政府管理创新是东北老工业基地振兴的关键这一论点，已基本达成共识。其二，采用典型案例分析法，对东北老工业基地的政府管理创新问题展开深入研究，如以"中国地方

---

①张紫函.振兴东北过程中的政府管理体制的创新[J].才智，2017(8):248.

②杨恺钧.东北地区区域经济发展与地方政府管理行为创新[J].哈尔滨商业大学学报(社会科学版)，2006(3):73-76.

③李靖，张舜禹.东北地方政府创新动力之现状、原因与对策——基于"中国地方政府创新奖"的分析[J].东北师大学报(哲学社会科学版)，2013(5):18-23.

④关晓丽.我国地方政府几种管理模式创新及其对东北老工业基地的启示[J].税务与经济(长春税务学院学报)，2006(6):59-63.

⑤崔英芬.论民生问题与政府创新——以东北老工业基地为例[J].前沿，2015(3):44-47.

政府创新奖"为基础，梳理相关数据，将东北老工业基地的获奖情况与全国范围内其他地区的获奖情况进行比对，深入剖析东北地区政府管理创新中的动力机制；通过剖析其他地方政府管理创新的典型案例，启示东北老工业基地政府管理创新等。其三，重视对东北老工业基地政府管理创新的路径探索，在既有文献中，研究者们基于对东北老工业基地的现实把握，从管理行为、管理理念、体制机制等诸多维度提出了政府管理创新中切实可行的路径选择。

与此同时，我们也须认识到学术界对东北老工业基地政府管理创新研究的不足和有待加强之处。其一，通过梳理可知，东北老工业基地政府管理创新的既有文献数量相对偏少，且大多数文献的年代较为久远，缺少近期的研究成果，尤其是国家近年来陆续出台了诸多针对东北老工业基地振兴的相关政策，但是既有研究成果与现行政策的匹配度相对较低。其二，在研究的主题内容上相对集中，以东北老工业基地政府管理创新的路径选择为主，而对政府管理创新不足的表现和成因的把握与分析相对欠缺。

为此，本研究以东北老工业基地政府管理创新为研究对象，通过案例、问卷调查的方法，将黑、吉、辽与江、浙、沪地区的政府管理创新进行对比，深入剖析东北老工业基地政府管理创新中的不足，立足发展实际，从理念、制度和行为三个维度分析政府管理创新不足的成因，揭示东北老工业基地政府管理创新在管理理念创新、管理制度创新和管理行为创新方面的具体内容，并探索出促进东北老工业基地政府管理创新的对策和建议。

三、东北老工业基地政府管理创新研究的意义

从东北老工业基地发展现状来看，新一轮东北老工业基地振兴仍然面临着自然资源枯竭、企业转型升级困难、公共服务投入较低等现实问题，政府管理创新是促进东北老工业基地振兴的必然要求、基础保障和重要途径。在

第一章　绪论

构建国内国际双循环相互促进的新发展格局，以及后疫情时代经济复苏需求的背景下，东北老工业基地地方政府必须在管理理念、管理制度和管理行为维度上做出适应性的调整和创新，才能为全面振兴东北老工业基地提供有力支撑和保障。自从东北老工业基地振兴战略提出之后，东北老工业基地政府管理创新问题相关研究逐渐增多，但是近年来对这一问题的研究有所减少。因此，研究东北老工业基地政府管理创新问题具有重要的理论意义和实践意义。

1. 理论意义

（1）有利于丰富东北老工业基地政府管理创新研究的理论分析框架。本研究在新公共服务理论、治理理论、制度创新理论的基础上，基于组织管理理论的分析层次，选取理念—制度—行为三个层次构建东北老工业基地政府管理创新研究的分析框架，据此深入剖析东北老工业基地政府管理创新不足的表现、成因以及政府管理创新的具体内容和实现路径。这为政府管理创新研究提供了一个新的理论进路和分析框架，丰富和发展了东北老工业基地政府管理创新相关研究。

（2）有利于丰富东北老工业基地政府管理创新研究的方法论体系。本研究根据《国务院办公厅关于印发东北地区与东部地区部分省市对口合作工作方案的通知》，以政策文本和地区发展现实为依照，将东北老工业基地（狭义的东北地区，即辽宁省、吉林省和黑龙江省）与对标省份（江苏省、浙江省、上海市）作为研究对象，综合运用对比分析法和案例分析法，对东北老工业基地地方政府与对标省份地方政府在管理理念、管理制度和管理行为方面的发展历程进行梳理和分析，找出东北老工业基地政府管理创新存在的不足和可借鉴的创新举措。本研究将定量与定性方法相结合，丰富了东北老工业基地政府管理创新研究的技术方法体系。

033

2. 实践意义

（1）在实践方面，本研究通过与对标省份进行对比分析，客观、精确地分析政府管理存在的问题和不足，为东北老工业基地政府管理变革提供资料参考；结合时代背景和东北老工业基地发展现状，为政府管理创新提供精确、可操作的对策建议，这对于东北老工业基地政府与对标省份合作发展、提高政府治理水平和治理能力具有重要的实践指导意义。

（2）政府管理创新举措的提出，也将为新一轮东北老工业基地振兴提供保障。本研究通过案例分析和对比分析，充分了解东北老工业基地发展和振兴过程中取得的成效和不足，并认为政府管理创新能够带动新一轮全面振兴东北老工业基地振兴的战略实施。因此，东北老工业基地政府管理创新研究对于东北三省经济转型、实现全面振兴具有一定的现实指导意义。

四、东北老工业基地政府管理创新研究的思路

本研究以东北老工业基地政府管理创新为研究对象，选取对标省份政府管理创新作为比较对象，找出东北老工业基地政府管理创新存在的不足，并据此提出具体的、有针对性的政策建议。具体而言：

第一，阐述东北老工业基地振兴与政府管理创新的关系。东北老工业基地振兴与政府管理创新相辅相成、相互促进。东北老工业基地政府管理创新是新一轮东北老工业基地振兴倒逼而成，东北老工业基地全面振兴战略部署和规划对政府管理创新提出了新的要求；政府管理创新是新一轮东北老工业基地全面振兴的改革重点，是新一轮东北老工业基地全面振兴的基础保障，也是新一轮东北老工业基地全面振兴的迫切需要。

第二，通过黑、吉、辽与江、浙、沪的对比研究，分析东北老工业基地政府管理创新不足的表现及成因。通过案例分析和对比研究，分析东北老工

业基地政府行政职能、行政方式、管理机制、管理流程、政策法规等方面政府管理创新不足的主要表现；并从政府管理理念、政府管理制度、政府管理行为三个层次探究东北老工业基地政府管理创新不足的深层次原因。

第三，结合东北老工业基地政府管理创新不足的表现及成因，以及当前国家全面振兴东北老工业基地战略部署，从政府管理理念创新、政府管理制度创新、政府管理行为创新三个层次，总结东北老工业基地政府管理创新的重点及具体内涵。

第四，针对东北老工业基地政府管理创新存在的不足以及政府管理创新的重点内容，提出东北老工业基地政府管理理念创新、政府管理制度创新、政府管理行为创新的具体对策建议。本研究的基本思路（技术路线图），如图11所示。

五、东北老工业基地政府管理创新研究的创新点

1. 理论框架的创新

本研究在制度创新理论、治理理论、新公共服务理论等理论基础上，遵循"理念—制度—行为"的逻辑分析框架，从政府管理理念、政府管理制度、政府管理行为三个层次对东北老工业基地政府管理创新问题进行探讨，综合考虑党政指导理念、国家战略规划、行政制度体系、行政管理行为等宏观、中观和微观层面的影响因素，并从政府管理理念、政府管理制度、政府管理行为三个层面提出政府管理创新的对策建议，为探索东北老工业基地政府管理创新问题提供了一个新的理论分析框架。

2. 研究方法的创新

本研究综合运用比较分析法、案例分析法和问卷调查法对东北老工业基

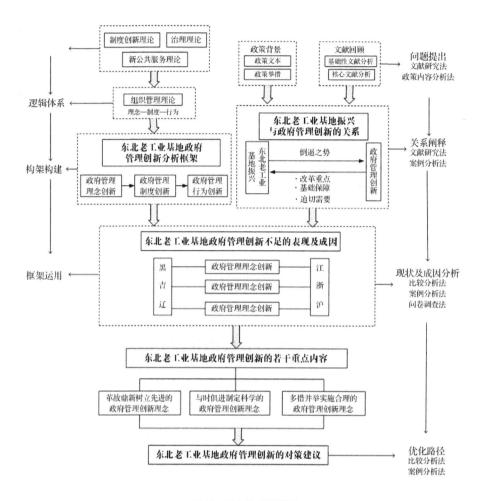

图11 研究技术路线图

地政府管理创新问题展开分析。通过黑、吉、辽与江、浙、沪的比较研究，分析东北老工业基地政府管理创新存在的问题，这有利于充分显示东北老工业基地政府管理创新与沿海经济较发达地区存在的差异，找出政府管理创新不足问题背后的成因。在进行对比阐述和对策分析时，本研究运用了大量的案例"现身说法"，使地区比较的分析内容更加客观详尽，更加具有说服力。此外，本研究还通过问卷调查法来分析社会公众对于东北老工业基地政府管理创新问题的想法，契合了建设"服务型"政府的要求，有助于全面、客观地分析东北老工业基地政府管理创新问题，并提出符合国家发展战略、切实满足公众需求的对策建议。比较分析法、案例分析法和问卷调查法的综合运用使研究内容更为全面丰富、研究结论更为客观有效，同时也丰富了相关研究的方法论体系。

3. 研究观点的创新

本研究以东北老工业基地政府管理创新问题为研究对象，重新审视东北老工业基地振兴与政府管理创新的关系，认为新一轮东北老工业基地振兴倒逼政府管理创新；同时，政府管理创新是新一轮东北老工业基地政府管理创新的改革重点、基础保障和迫切需要。此外，本研究认为，东北老工业基地政府管理创新不足的原因在于东北老工业基地政府管理创新的理念引导不力、制度保障羸弱、行为落实困难，因此。应当从树立先进的政府管理创新理念、制定科学的政府管理创新制度、实施合理的政府管理创新行为三个方面推进东北老工业基地政府管理创新。

第二章 东北老工业基地
政府管理创新研究的理论基础与分析框架构建

一、政府管理创新研究的理论基础

1. 制度创新理论

制度创新理论起源于20世纪70年代，是制度经济学与创新理论的结合。1912年，经济学家约瑟夫·熊彼特在《经济发展理论》一书中，最先提出了"创新理论"，认为"创新"是指把一种从来没有过的关于生产要素的"新组合"引入生产体系，在资本主义国家创新具有公有和私有的性质。[①]随着产权理论和计量经济学的发展，制度经济学家道格拉斯·诺思将产权理论和交易费用概念引入到对制度变迁的分析中，形成了制度创新经济学，并提出制度创新对技术创新具有决定性作用的论断。诺斯认为，由于制度的创新，才有了技术的创新、教育的发展和资本的积累，从而促进经济的增长。他在肯定制度创新对技术创新的决定性作用时，也指出技术创新对制度创新的重要作用。"制度理论和创新理论在相互促进。现在人们更认真地对待制

---

①Schumpeter, J.A..Business Cycles:A Theoretical, Historical and Statistical Analysis of the Capitalist Process[M].New York and London:Mc Graw-Hill, Vols, 2, 1939:152.

度，并比以前从更宽泛和更复杂的方式上使用制度概念。"①制度创新经济学代表人物弗里曼和纳尔逊也强调社会制度、文化环境、国家专有因素在技术创新中的作用，制度创新理论由此产生。诺斯和戴维斯认为，制度创新指的是能够使创新者获得追加或额外利益的、对现存制度（指具体的政治经济制度，如金融组织、银行制度、公司制度，工会制度、税收制度、教育制度等）的变革。②促成制度创新的因素有三种——市场规模的变化，生产技术的发展，以及由此引起的一定社会集团或个人对自己收入预期的变化。拉坦认为制度创新表现在三个方面：一是某种特定组织行为的变化；二是这一组织与其环境的相互关系的变化；三是在组合的环境之中当事人的行为及其相互关系规则的变化。③

　　制度创新对经济增长和技术创新都会产生影响。诺斯指出："有效率的经济组织是经济增长的关键。""有效率的组织需要在制度上做出安排和确立所有权以便造成一种刺激，将个人的经济努力变成私人收益率接近社会收益率的活动。"④也就是说制度创新促成有效率的经济组织，经济组织促进经济增长。另一方面，制度创新促进技术创新。正如诺斯和托马斯所说："制度环境的改善会鼓励创新，结果私人收益率接近社会收益率。奖励为具体的发明带来了刺激，但并没有为知识财产的所有权提供一个合法的依据。

---

①K.Nielsen, B.Johnson.Institutions and Economic Chang:New Perspectives on Markets, Firms and Technology[M].Edward Elgar Publishing Limited.1998:15-16.

②L.E.Davis, Douglass C.North.Cnstitutional Change and American Economic Growth[M]. London:Cambridge University Press, 1971:10.

③Rutton, V.W..Induced Innovation:Technology, Innovation and Development[M].Baltimore:Johns Hopkins University Press, 1978:38.

④［美］道格拉斯·诺斯，［美］罗伯特·托马斯.西方世界的兴起[M].北京:华夏出版社, 1999:1.

专利法的发展则提供了这种保护。"①根据制度创新理论的基本内容和基本观点，制度创新既能促进经济增长，也能促进技术创新。因此，包涵制度创新的政府管理创新能够有效推动东北地区经济发展和技术创新，从而实现东北老工业基地全面振兴。

2. 治理理论

20世纪90年代，福利国家危机和全球化等对传统的社会科学产生冲击，治理理论应运而生。治理理论为政府管理模式创新带来了动力②，治理理论打破"以政府为中心"进行探讨的模式，将政府、市场和其他机构看作一个整体，探索建立政府、市场、公民等多元主体参与的公共事务治理模式。1995年，全球治理委员会对"治理"做出界定，"治理是或公或私"的个人和机构经营管理相同事务的诸多方式的总和。它隐含着一个政治进程，即在众多不同的利益共同体发挥作用的领域建立一致或取得认同，以便实施某项计划。③治理是一个过程，它并不意味着一种正式制度，而确实有赖于持续的相互作用。④治理理论的兴起，进一步拓宽了政府改革的视角，它对现实问题的处理涉及政治、经济、社会、文化等多个领域，对公共管理产生重要影响。制度分析学派代表人物奥斯特罗姆提出了多中心治理理论，他认为，并非只有政府一个主体，而是存在着包括中央政府单位、地方政府单位、政府派生实体、非政府组织、私人机构以及公民个人在内的许多决策中心，它们在一定的规则约束下，以多种形式共同行使主体性权力。⑤ 多中心

---

① ［美］道格拉斯·诺斯，［美］罗伯特·托马斯.西方世界的兴起[M].北京:华夏出版社，1999:170.

② 徐磊.治理理论与我国政府管理创新[J].理论前沿，2009(12):32-34.

③ 俞可平.治理与善治［M］.北京:社会科学文献出版社，2000:16-17.

④ 俞可平.治理与善治［M］.北京:社会科学文献出版社，2000:270.

⑤ 陈广胜.走向善治［M］.杭州:浙江大学出版社，2007:99.

的治理结构认为国家和社会、政府和市场、政府和公民应该共同参与公共事务的管理，形成双向甚至是多维度的管理过程。[①]

针对治理的失效，学者们提出"善治"的理念。"善治"是指使公共利益最大化的社会管理过程，其本质特征是政府与公民对公共事务的合作管理，是政府与市场、社会的一种新颖关系。[②]俞可平认为，善治包括以下要素：合法性、法治、透明性、责任性、回应、有效性、参与、稳定性、廉洁、公正。[③]治理不仅改变了政府传统的治理理念，而且促进了中央政府与地方政府、政府与市场、政府与公民之间关系的变化。[④]就我国政府创新的实际成效来讲，治理主要从以下几个方面推动了政府创新：第一，治理改变政府创新动力模式；第二，治理增强创新的民主性；第三，治理扩大创新的层次和形式；第四，治理推动政府创新的竞合。[⑤]治理理论打破了"政府中心论"，认为政府、公民、社会组织等机构应形成合力，促进公共事务治理，为政府管理创新提供了新的方式和渠道。

3. 新公共服务理论

公共行政领域的理论演变经历了传统的公共行政理论—新公共行政理论—新公共管理理论—新公共服务理论的变迁过程。传统的公共行政理论强调效率，例如韦伯的官僚制组织理论强调专业分工、层级结构，使组织更有效地实现效率目标。在韦伯看来，理想的行政组织体系最符合理性原则，效率最高，在精确性、稳定性、纪律性和可靠性方面优于其他组织形式，能高

①陈广胜.走向善治［M］.杭州：浙江大学出版社，2007:101.
②陈广胜.走向善治［M］.杭州：浙江大学出版社，2007:102.
③俞可平.增量政治改革与社会主义政治文明建设[J].公共管理学报，2004(01):8-14+93.
④陈家刚.地方政府创新与治理变迁[J].公共管理学报，2004 (11) .
⑤唐旭，郭乃正.治理变革与政府创新[J].长江大学学报(社会科学版)，2012(3):103-104+193.

度精确地计算出组织的领导人和成员的成果，能适用于各种管理工作及日益增多的各大组织。新公共行政理论强调寻求民主与公平，他们批判了政治与行政二分法，将社会公平纳入行政管理的价值目标，强调注重民主价值，主张民主行政，民主价值高于效率。新公共管理理论将市场机制引入行政管理领域，主张利用私人部门的管理技术和管理手段，实现政府真正有效运作，提出了"3E"标准，即经济、效率和效果，强调公共服务的顾客导向，在重视效率的同时兼顾民主。

20世纪七八十年代，随着资本主义发展和信息技术革命的影响，政府行政管理职能面临新的挑战，新公共服务理论从市场经济学的角度重塑行政理念，形成了全新的行政管理框架模式。新公共服务理论批判新公共管理理论过分强调对效率和理性工具的追求，同时强调民主的价值，倾向于充分尊重民主，回归民主，对新公共管理理论进行补充和完善。[1]丹哈特夫妇提出了新公共服务理论的七个方面：（1）服务而非掌舵；（2）公共利益是目标，而非副产品；（3）战略地思考，民主地行动；（4）服务于公民而非顾客；（5）责任并不是单一的；（6）重视人而不只是生产率；（7）超越企业家身份，重视公民权和公共服务。[2]新公共服务理论强调民主的价值，但是并不等于不重视效率和生产力。与公共行政理论和新公共管理理论相比，新公共服务理论更加看重"公共性"和民主政治价值的责任，"姑不论它们之间在理论观点和具体内容上的分歧和争议如何，有一点似乎可以肯定和不容忽视，即强调或提醒公共管理主要是或归根到底是公共服务的性质"。新公共服务理论奉行服务理念，重新定位政府角色，对政府管理改革、构建服务型政府产生重要影响，根据新公共服务理论的指导，政府管理创新要努力构

---

①夏书章.公共服务[J].中国行政管理，2003(3):61.
②［美］珍妮特·V.丹哈特，［美］罗伯特·B.丹哈特.新公共服务：服务，而不是掌舵[M].丁煌等，译.北京：中国人民大学出版社，2004:40-41.

建透明政府、责任政府、参与式政府等，改进政府提供服务的方式。①

二、东北老工业基地政府管理创新研究的分析框架构建

本研究基于组织管理理论的分析层次构建东北老工业基地政府管理创新研究的分析框架，选取理念—制度—行为三个层次为研究主线，从三个层面深入剖析政府管理创新不足的表现、成因，政府管理创新的具体内容以及实现路径。

组织管理理论起源于19世纪末20世纪初，是对管理组织的结构、职能和原则进行研究的理论，经历了古典管理理论、行为科学管理理论、现代组织管理理论三个阶段。现代组织管理理论主要包括以巴纳德为代表的社会系统论、以西蒙为代表的决策理论、以巴法为代表的管理科学理论等。现代组织管理理论在行为科学管理理论基础上，融入现代系统论，将组织看作一个整体系统。巴纳德将组织定义为"把两个以上的人的各种活动和力量有意识地加以协调的体系"。现代组织管理理论强调，组织目标的实现和组织效率的提高取决于组织系统内各个子系统及各部门之间的有机联系，注重运用系统思想和系统分析方法来指导管理的实践活动，解决和处理实践问题；重视人的因素和人的社会性，在一定环境条件下，尽可能满足人的需要；把效率和效果有机结合，使管理的效果体现在绩效中；强调不断创新，利用一切可能的机会进行变革，从而使组织更加适应社会条件的变化。

理念、制度与行为是组织管理的三个层次，它贯穿组织管理的始终，这三个层次相互依存、缺一不可，形成一个管理系统。如果将组织管理形象地比作一棵大树，这棵大树是由三部分构成的，即树根、树干和树冠。在组织中，树根是组织的决策层（顶层），树干是组织的转化层（中层），树冠

---

①叶晨.新公共管理和新公共服务比较分析——看现代公共行政的发展[J].现代商贸工业，2009(10):33-34.

是组织的执行层（基层）。组织的决策层是宏观顶层设计，是出思想的，即组织发展的理念，理念变、思路变，组织发展的整体就将发生根本的变化，但理念无法直接执行，理念、思想等需要通过转化层将之转变成可操作的制度、规则；组织的转化层将决策层的思想、理念转化为具体的制度和规则；组织的执行层则按照组织制定的制度规则有效执行或实施，通过有效的组织行为践行组织发展的理念。由此，理念—制度—行为就构成了组织管理的三个不可分割的层次。大到国家治理，小到一个具体单位，都是这三个层面的有机互动，任何一个环节的错位或缺位，都势必对组织管理带来无尽的麻烦。

马克思主义认为，人类经济社会的基本矛盾是生产力和生产关系、经济基础和上层建筑之间的矛盾。在社会主义社会里，社会基本矛盾的解决主要通过改革实现，改革推动社会主义的自我完善和发展。其中，理念更新一定程度上解决社会意识和社会存在之间的矛盾，理念更新是理论创新的前提，理论创新指导人们进行创新实践。理论创新是社会发展和变革的先导，是推动制度创新、科技创新、文化创新和其他方面创新的核心和灵魂，是推动人类创新活动的巨大精神力量。因此人类的一切创新活动总是首先把创新的关节点放在理论创新上。制度创新在一定程度上解决生产关系和上层建筑与社会生产力之间的矛盾。制度创新属于高级的社会交往实践，社会交往实践是人类处理上层建筑与经济基础关系、生产关系和生产力关系的实践活动，当经济基础与上层建筑发生矛盾时，需要通过制度创新来打破不适应生产力发展的旧的生产关系和上层建筑，通过制度创新解决生产关系与生产力、经济基础与上层建筑之间的矛盾，解放和发展生产力。[①]创新行为实践在一定程

---

①马希.创新驱动战略蕴含的新发展观——以马克思主义发展伦理为视角[J].创新，2015(2):66-69.

度上解决生产力发展中的内在矛盾。实践的观点是马克思主义首要的和基本的观点，社会生活在本质上是实践的，人类通过各种社会实践活动不断解决社会基本矛盾，从而推动社会历史由低级向高级发展。行为创新可以在一定程度上解决生产力发展中的内部矛盾。因此，理念—制度—行为三个层次的政府管理创新有机互动，共同推动政府管理体制机制改革。

从国家治理的角度看，中国共产党作为执政党，是我国国家治理的顶层制度设计者，负责制定不同时期国家发展的路线、方针和政策。执政党的意志和理念，通过国家立法机关即人大转化成国家治理的法律制度，政府则是依法行政，是国家法律制度的执行主体。从东北老工业基地政府管理创新的角度看，首先，东北老工业基地各级政府决策层的理念创新要到位，思想观念要解放，决策思路要明确；其次，各级政府及其职能部门要有很强的转化能力，要在制度规则上及时跟进，将决策层的思想转化成可操作的制度规范，固化改革创新的理念并对具体创新行为进行依法、依规的规约；最后，每一个公务人员在行为操守上，要遵循制度规则的要求，在制度框架内，积极有为，努力作为。

本研究以政府管理创新为逻辑起点，以理念创新、制度创新和行为创新为研究主线，深入探索实现东北老工业基地政府管理创新的可用之策。鉴于研究需要，本研究所涉东北老工业基地界定为狭义的东北地区，即东北三省，包括辽宁省、吉林省和黑龙江省，不包括内蒙古东部地区。

1.东北老工业基地政府管理理念创新

管理理念是指政府在从事公共管理提供公共产品和公共服务的过程中应遵循的指导思想和指导理念，是政府执政观念和行政意识的总和，包含影响和制约政府公共行政行为的一系列行政思想、行政意识、行政道德和行政习惯。①1995年，美国著名的管理学者罗伯特·卡茨提出管理必备的三种技能，即技术性（technical）技能、人际性（human）技能和概念性（conceptual）技能②，并针对不同的管理层级做出不同的技能比例划分，虽然比例数字或有不同，但概念性技能与管理层级的正相关性已成为管理领域中不可逆转的必然趋势。政府管理理念创新即是卡茨所述的概念性技能，它是政府管理创新的缘起，在创新进程中占据举足轻重的地位和作用，是政府管理创新的先导。

20世纪七八十年代，伴随着新公共管理运动的兴起，私营部门与公共部门间的屏障被突破，私营部门中的管理模式与运行方法被广泛地应用至公共部门之中，如绩效管理、目标管理等，随后美国学者奥斯本和盖布勒在《改革政府——企业家精神如何改革着公共部门》中为新公共管理模式提出了十项原则，如掌舵而不是划桨、满足顾客的需要而不是官僚政治的需要、预防而不是治疗等，并由此产生了有限政府、预见性政府等新理念，在西方政府管理创新中发挥着先导作用，为西方国家的政府改革提供了方向。传统的公共管理强调自上而下地服从、机构设置中的层级控制，容易导致官僚主义盛行。新公共管理重新审视了"管理"，区分了政府统治职能与管理职能的区别。政府统治职能强调控制型管理，以国家强制力为后盾；管理职能强调服务型管理以及国家、社会和公民的多元互动过程。新公共管理理论以顾客为导向，强调实现公共服务的高效和高质量，对我国政府管理理念变革和行政管理模式选择产生重要影响。然而，新公共管理理论过于关注"效率"目标，"新公共服务理论"应运而生。"新公共服务是关于公共行政在将公共服务、民主治理和公民参与置于中心地位的治理系统中所扮演角色的一系

---

①王澜明.继续推进政府管理创新 进一步建设服务型政府[J].中国行政管理，2011(1):7-11.

②周三多，陈传明，鲁明泓.管理学——原理与方法[M].上海:复旦大学出版社，2004:24.

列思想和理论。"[1]新公共服务理论关注政府角色定位问题，提出政府或公务员的首要任务是帮助公民明确表达并实现其公共利益，政府的职能是"服务，而非掌舵"[2]。新公共服务理论的提出为当代政府角色定位和"服务型"政府的建设提供了理论支撑。

我国在由计划经济体制向市场经济体制转变过程中，政府面临着许多新问题，需要转变指导思想和指导理念，以指导政治体制转变和改革实践。政府管理创新主要包含管理方式、管理体制、管理理念、管理机构和管理职能五大方面的创新，其中，政府管理理念的创新直接关系到管理模式和管理体制设计，政府管理创新离不开先进管理理念的指导。理念是行动的指南。辩证唯物主义认为，意识不仅能够正确反映事物的外部现象，而且能够正确反映事物的本质和规律。其次意识可以反作用于客观事物，以正确的思想和理论为指导，通过实践促进客观事物的发展。经济社会不断发展的现状决定了政府管理理念必须随之改变，创新政府管理理念使其适应市场经济体制发展需要，将有助于进一步拉动经济增长和社会进步。管理创新，理念先行，以创新思维激发社会治理活力。"苟日新，日日新，又日新"，创新思维强调破除迷信、超越陈规，善于因时制宜、知难而进、开拓创新。社会治理的活力需要在创新中得到激发。加强和创新社会治理，首先要进行理念创新。[3]新时期背景下，管理理念创新不仅是改革政府自身管理方式、提高政府行政效率的需要，也是顺应时代发展的必然要求。[4]

改革开放以来，尤其是加入WTO以来，我国政府也逐渐重视服务型政

---

① [美] 珍妮特•V.丹哈特，[美]罗伯特•B.丹哈特，新公共服务——服务，而不是掌舵[M].丁煌等，译.中国人民大学出版社，2004:21-22.

②丁煌.西方行政学说史（修订版）[M].武汉：武汉大学出版社.2005:395-409.

③《以科学思维加强和创新社会治理》，《人民日报》，2019-11-27.

④郑淑芬.论政府管理理念创新[J].五邑大学学报(社会科学版)，2005(2):88-90.

府理念，为建立适应社会主义市场经济体制的行政管理模式、开展社会主义现代化建设提供有力指导。遵循以人为本和公平正义的原则，现代政府管理理念包括民主政府理念、法治政府理念、责任政府理念、透明政府理念、廉洁政府理念、高效政府理念等。政府管理理念创新主要体现在从管制理念到服务理念、从权力本位理念到责任本位理念、从数量理念到质量理念、从人治理念到法治理念的转变。^① 现代化的政府管理理念要求在行政管理体制改革中，必须保持法治思维的至上性，树立责任意识、服务意识和整体性治理思维等治理理念。

国家提出和实施东北老工业基地振兴战略期间，一直注重完善和创新政府管理理念。例如，2003年10月5日中共中央、国务院发布的《关于实施东北地区等老工业基地振兴战略的若干意见》中，提出了振兴东北地区等老工业基地的指导思想和六项原则，其中第二条原则提到要"坚持主要依靠市场机制，正确发挥政府作用。产业结构调整、生产要素整合、技术改造、企业改组，应主要由市场决定和选择，同时发挥政府规划引导和政策导向作用，创造良好的发展环境和公平竞争的市场秩序"^②。2016年4月26日发布实施的《中共中央 国务院关于全面振兴东北地区等老工业基地的若干意见》中提出，"以建设法治政府、创新政府、廉洁政府、服务型政府为目标，进一步推动简政放权、放管结合、优化服务"^③。这些指导理念和指导原则有助于摒弃传统行政管理理念，树立现代化的政府管理理念，从而指导政府管理职能转变。然而，由于长期受传统计划经济体制影响，政府管理的传统思维方

---

①聂超鹏，李川.新公共管理视野中政府管理的理念创新和模式优化[J].南京政治学院学报，2004(2):65-68.
②新华社.中共中央 国务院关于全面振兴东北地区等老工业基地的若干意见[EB/OL].http://www.gov.cn/zhengce/2016-04/26/content_5068242.htm，2016-04-26/2017-07-06.
③中国政府网.中共中央 国务院关于全面振兴东北地区等老工业基地的若干意见.http://www.gov.cn/zhengce/2016-04/26/content_5068242.htm.

式未完全消除，"权力政府""全能政府"等不良管理理念阻碍了政府管理创新的进程。

东北老工业基地是我国最早进入、最迟退出计划经济体制的地区，旧有体制的制度惯性一时难以彻底根除，计划经济体制的色彩仍然浓厚。政府在管理过程中，重权力的"官本位思想"还不同程度地存在；"等靠要"等被动型行政思维还未彻底破除；信关系重于信法纪的"圈子文化"还有余留；管控行政还未彻底转变为服务行政，凡此种种，都是政府管理理念滞后的典型表现，也是制约东北老工业基地全面振兴的重要因素。"重大轻小、重国轻民""北方人重官场，南方人重市场""南方路边多广告，北方街头多口号"等也是东北老工业基地观念落后的真实写照。2015年10月17日在沈阳举行的"经济新常态下的东北振兴论坛"上，时任国家发改委东北振兴司副司长杨荫凯发言谈道："东北受计划经济影响最深，目前计划经济影响根深蒂固，包括我们工作层面和各方面接触到的，咱们对于传统旧有机制，包括辉煌历史的留恋，都能够随处可见。所以，能否尽快摒弃这种计划经济体制的惯性思维，摆脱等靠要的传统观念，能否提振起改创的精气神，是改革成败的首要关键。"[1]中国企业研究院院长李锦认为，东北经济面临"四座大山"，一是计划经济体制，二是重工业比重大，三是思想观念保守，四是人才外流。[2]因此，东北老工业基地政府管理创新须以理念创新为突破口，摆脱计划经济机制的思想束缚，突破全能型政府的思想牢笼，树立与社会主义市场经济体制相契合的政府管理理念，在遵循国家有关政府管理改革的原则上，在批判吸收和充分借鉴国内外先进管理思想和经验的同时，根据东北老

---

[1]杨荫凯.东北应尽快摆脱计划经济惯性思维，搜狐财经，https://business.sohu.com/20151018/n423522191.shtml，2015-10-18.

[2]证券时报.东北振兴需摒弃计划经济思维.http://finance.eastmoney.com/news/1371，20161221695570088.html，2016-12-21.

工业基地全面振兴的发展现实与客观需要，以理念创新带动东北老工业基地政府管理创新，助推东北老工业基地全面振兴。

2.东北老工业基地政府管理制度创新

从政治学的发展历程观之，自20世纪30年代以来，行为主义取代了制度主义成为政治学界的主流思想，直至《新制度主义：政治生活中的组织因素》一文公开发表，指出由于长期受到行为主义思潮的影响，而忽视了制度因素在政治实践中的重要作用，由此，新制度主义重新进入研究者视野，方使政府管理中的制度因素回归本位。就国家形态而言，"制度是指以宪法、法律、法规为基本内容的正式规则和以习俗、传统、习惯等形式存在的非正式规则交织构成的一整套的规则体系及其实现机制"[①]。"制度是一系列被制定出来的规则、守法程序和行为的道德伦理规范，它旨在约束追求主体福利或效用最大化利益的个人行为。"[②]制度可以理解为要求成员共同遵守的规章或准则，政府管理制度是对行政机关的设立与变更、职权配置、运行程序、工作方式的统一性、规范性的准则。新制度主义学派的代表人物道格拉斯·诺斯将经济与制度相连接，并以此为基础实现了经济学与政治学的跨学科融合，从而提出了制度变迁理论。诺斯认为，所谓制度变迁是指"制度框架的创新和被打破"，政府管理制度创新是制度变迁的重要组成部分，亦符合制度的变迁规律。制度作为一种公共产品，其供给方是组织或个人，但由于行为个体的有限理性和资源的稀缺性，当外部环境与因素发生变动时，便会产生新的制度需求。当供求匹配时制度是稳定的，反之，当供求出现不对等现象时便会引发制度变迁，此时便会涉及制度变迁成本与制度变迁收益，

---

①王智辉.政府管理创新探究——基于新公共管理视角[J].长白学刊，2010(2):86-89.
②[美]道格拉斯.诺斯.经济史中的结构与变迁[M].陈郁等,译. 上海：三联书店，上海人民出版社，1994:225-226.

当制度变迁收益高于制度变迁成本时，制度的创新与变迁便会被有序地推进，反之，便会受到利益集团的阻碍。诺斯指出，制度变迁的路径主要包括两种，一为自上而下的国家强制路径，一为自下而上的诱致性路径。诺斯严格区分了制度环境和制度安排，"制度安排"被诺斯看作最接近"制度"的最通常使用的含义。[①]制度创新是指新制度安排替代旧制度安排或者一个新制度安排被构造的过程，其预期净收益大于预期成本。制度创新只有在创新改变了潜在利润或者创新成本的降低使制度安排的变迁变得合算时才会发生。[②]按照制度创新主体进行分类，制度创新可以分为个人推动的创新、团体推动的创新、政府推动的创新。其中，国家推动的制度创新是经济增长的基本动力，可以有效避免"搭便车"的现象，也能降低制度创新的成本。

制度创新是一个连续不断的过程，邓小平曾指出"制度是决定因素"[③]，领导制度、组织制度问题更带有根本性、全局性、稳定性和长期性"[④]。党的十八届三中全会指出，"实现创新驱动发展关键在制度。制度保障对于创新驱动发展具有根本性、全局性和长期性的影响"。东北老工业基地政府管理制度创新的主体是中层政府组织，不仅肩负着将上级政府的管理创新理念落地的重任，而且又承担着指导基层政府管理创新行为，为管理行为创新保驾护航的重担，是上级政府与基层政府间的枢纽和连接带，在政府组织的运行进程中发挥着起承转合的连接作用。2016年7月，在庆祝中国共产党成立95周年会议上，习近平总书记明确提出"四个自信"，其中明确指出在"不忘初心、继续前进"的同时亦须制度自信，由此可见，在老工业

---

①[美]R·科斯等.财产权利与制度变迁——产权学派与新制度学派译文集.[M].胡庄君等，译.上海：三联书店，1991:271.

②[美]R·科斯等.财产权利与制度变迁——产权学派与新制度学派译文集.[M].胡庄君等，译.上海：三联书店，1991:296.

③邓小平.邓小平文选(第2卷)[M].北京：人民出版社，1994:308.

④邓小平.邓小平文选(第2卷)[M].北京：人民出版社，1994:333.

基地的振兴进程中，东北老工业基地政府须通过管理制度创新实现对政府创新型理念的承接和对政府管理行为创新的规范，以政府管理制度创新为东北老工业基地政府管理创新的全面推进提供基础与保障。

立足于东北老工业基地发展现实，加之对制度变迁成本与收益的综合考虑，东北老工业基地地方政府须通过上下有机结合的组合式路径，实现顶层设计引导机制与市场——社会发展倒逼机制，以此保证东北老工业基地政府管理制度创新的科学性，促进东北老工业基地的政府管理创新，助推东北老工业基地振兴。

3.东北老工业基地政府管理行为创新

古语有云："为政贵在行，以实则治，以文则不治。"政府管理行为创新是对行政计划、行政组织、行政决策、行政领导、行政控制、行政监督、行政协调、行政沟通、行政执法、人事行政、行政改革、行政财政等各项政府管理行为进行变革和不断优化的过程。政府管理行为创新是将政府管理理念创新和政府管理制度创新的内容付诸实践，是对理念创新和制度创新的试验和检测，也为政府管理理念和制度进一步完善提供现实依据。罗伯特•卡茨所提出的管理者必备三种技能在政府管理行为创新中依旧可以获得有力的论证，政府管理行为创新即技术性技能，基层政府作为管理行为创新的主体，不能再奉行一提到管理便联想到权力的老套管理行为，不能再坚持权力导向的只管不理，应从只管不理走向科学管理，最终实现向现代治理的飞跃。

2011年3月，习近平总书记在中共中央党校春季学期开学典礼上提出，"反对空谈，强调实干、注重落实"。近年来，伴随着经济的迅猛发展、政治的风清气正，在政府管理中相继出现了诸多创新性理念，如服务型政府理念、有限政府理念等，但是理念的空心化现象严重，流于口号，疏于落实，为此，须通过政府管理行为创新打通管理创新中的"最后一公里"，真正实现东北老工业基地的政府管理创新，助推东北老工业基地振兴。此外，改革开放以来，我国进入发展的新时期，历经八次政府改革。自从出现政府的时刻起，"谁来管""管什么"和"怎么管"三方面问题便与之相伴而生不可回避。从1982年起，七次政府改革均围绕政府职能转变和组织机构调整这两大议题展开，其中政府组织机构调整解决的是"谁来管"的问题，政府职能转变解决的是"管什么"的问题，而"怎么管"便成了政府管理创新中的关键性问题。"怎么管"即政府管理行为问题，这直接关乎行政效率的高低、行政效果的好坏和行政成本的多少问题，不仅牵涉政府管理的执行力，更影响政府管理的公信力，正所谓基础不牢地动山摇。曾有一段流行的说法是，"中央领导是恩人，省级领导是亲人，市级领导是好人，县级领导是坏人，乡级领导是恶人，村级领导是仇人"[1]，这一民谣生动形象地反映了公民已形成了对基层政府行政人员的负面认知，"上面千条线，下面一根针"更是条块体制下的真实写照，为此，在政府管理创新中，管理行为创新是其主要路径。《中共中央 国务院关于全面振兴东北地区等老工业基地的若干意见》明确指出，要实现东北振兴，须"进一步理顺政府与市场的关系，着力解决政府直接配置资源，管得过多、过细以及职能错位、越位、不到位等问题"，创新政府管理行为便是解决政府的"想为"却"不会为"问题，为政府管理行为打造一个可供参考的模式，使得"想干事"的官员可通过管理行为创新实现"会干事"，使得原本存在懒政怠政现象的官员，通过政府管理行为创新形成倒逼机制，从而促进政府管理行为的多元化、科学化、灵活化和艺术化。

---

① 杨雪冬.县级官员与"省管县"改革（Ⅰ）——基于能动者的研究路径[J].北京行政学院学报，2012(4)：7-10.

我国政府管理行为创新的动力主要包括：（1）行政体制改革推动政府管理行为创新。行政管理体制改革是政治体制改革的重要内容，涉及政府、社会、市场等多方面，转变政府职能是深化行政体制改革的核心。习近平总书记在党的十八届二中全会讲话中指出："行政体制改革是推动上层建筑适应经济基础的必然要求，要深入推进政企分开、政资分开、政事分开、政社分开，健全部门职责体系，建设职能科学、结构优化、廉洁高效、人民满意的服务型政府。"行政体制改革中涉及的简政放权、强化政府监管和公共服务等具体措施推动政府管理行为创新。（2）技术进步推动政府管理行为创新。电子政务的建设和发展推动了政府管理工作的创新，电子政务信息化建设不仅能够有效整合政务信息资源，还能借助互联网技术有效提升政府工作效率，强化政府职能。（3）利益诉求直接推动政府管理行为创新。政府追求公共利益最大化是进行政府管理行为创新的直接动力。政府管理过程是一个多元主体参与的过程，政府部门、非政府组织、公民个人等利益主体之间存在博弈和制衡，为此需要不断创新管理行为，从而实现公共利益最大化的目标。

三、东北老工业基地政府管理创新研究的方法

1. 问卷调查方法

本研究采用问卷调查方法对东北老工业基地政府管理创新问题进行调查分析。问卷调查对象为居住地位于东北老工业基地的社会公众，社会公众作为政府管理创新的受众，通过对问卷题目的填答可以从侧面较为客观地折射出政府管理创新的现状。由于辽宁省是东北老工业基地中相对发达的省份，在政府管理创新过程中采取了一系列措施，也取得了一定成效，辽宁省省会城市沈阳市于2017年获批成为自由贸易试验区，沈阳市政府积极推进各领域

改革实践，因此本研究选取辽宁省沈阳市作为问卷发放区域。基于便利性、客观性、全面性原则，本研究在沈阳市内通过随机抽样的方式进行问卷发放，通过调查沈阳市的政府管理现状映射出东北老工业基地政府管理创新的整体情况，为政府管理创新进一步发展提供对策建议。

2. 比较分析方法

根据2017年3月出台的《国务院办公厅关于印发东北地区与东部地区部分省市对口合作工作方案的通知》，辽宁省的对标省份是江苏省，吉林省的对标省份是浙江省，黑龙江省的对标地区是上海市。因此，以政策文本和地区发展现实为依据，本研究选定比较分析的区域和范围是黑、吉、辽与江、浙、沪。通过梳理东北老工业基地与江、浙、沪这些相对发达地区的政府管理变革历程，从政府管理理念创新、政府管理制度创新、政府管理行为创新三个维度分析东北老工业基地与对标省份的异同，探究东北老工业基地在政府管理创新中的差距及其原因，从而为东北老工业基地政府管理创新的有序推行提出行之有效的对策建议。

3. 案例分析方法

案例分析方法亦称为个案分析方法或典型分析方法，是对有代表性的事物或现象进行深入、细致的研究从而获得总体认识的一种科学分析方法。案例分析方法是社会科学以及其他科学研究中的一种独立的研究方法，是定性研究的一个重要组成部分，本研究在进行东北老工业基地政府管理创新现状分析以及与对标省份进行对比分析时，多次采用案例分析法揭示东北老工业基地振兴过程中政府管理创新不足的表现，如针对三个对标省份在政府管理创新上做出的具体措施进行分析，通过东北老工业基地振兴与发展中的现实案例展现政府监管主观随意、管理方式存在人治色彩等问题。此外，在针对东北老工业基地政府管理既有问题提出对策建议过程中，也有对成功案例的援引，对其他地区的先进经验进行分析，为推动政府管理创新提供借鉴。遵循真实可靠的原则，本研究所选取的案例资料主要来自中国共产党新闻网、中华人民共和国中央人民政府网站、中国知网数据库、新华网以及其他研究对象所涉省份的官方网站。

第三章　东北老工业基地
振兴与政府管理创新的关系

　　政府管理创新是指政府机构通过不断转变管理职能、改进工作方式、优化运行机制、重塑政务流程、提高技术手段和增强自身能力而提高政府工作的效率、效益和效果的创新活动。政府管理创新通过对包括管理观念、组织战略、组织结构、管理技术、管理文化和管理流程等进行改造与重构，以适应新的环境与形势，促进政府管理系统的动态发展，从而更有效率地配置社会资源与公共资源，促进生产力的发展和人民生活水平的提高。

　　政府管理创新包括两个层面，第一个层面是系统的层面，也就是整个政府管理模式的创新，产生一种在整体上有别于原有管理模式的新模式，极大地改变管理工作方法，因而意味着这种创新必须有积极的成果。例如，通过改变传统的政府办公模式，建立电子政府，不仅可以为精简政府管理机构、提高行政效率提供技术支持，还能促进政府管理理念的革新，强化信息公开，增强政府公务人员为人民服务的意识。政府管理模式作为一种上层建筑，对经济发展和社会发展发挥着重要作用，政府管理模式创新也是时代发展的迫切要求。随着国际国内形势变化，我国政府管理创新模式应更加体现市场化、法治化、多元参与性、有限高效性等特点。第二个层面是对原有模式的一些组成部分(如管理理念、组织结构和功能、管理技术和方法等)进行变革，这些局部的创新或变革尽管没有引起整个管理模式的变化，但也在不同方面提高了管理的效果。例如，在政府管理职能方面，以服务职能为中心取代以行政职能为中心；在政府管理机构方面，以精简机构和高素质公务员取代臃肿机构和低素质公务员；在政府管理方式方面，以多元主体参与取代领导拍板。对政府管理模式组成部分的改变虽然无法引起整个管理模式的变化，但是也应树立整体观念和大局意识，避免"牵一发而动全身"，对整体管理模式带来负面影响。

实施东北地区等老工业基地全面振兴战略，是党中央、国务院在新世纪做出的重大决策。面对经济下行压力增大，体制机制的深层次问题突显，地区发展新动力不足且旧动力减弱的发展困境，东北老工业基地必须发挥地方政府在全面深化改革中的主导作用，正确认识东北老工业基地振兴与政府管理创新的关系。政府管理长期以来存在的管理模式、机构建设、职能转变等方面的问题使得全面振兴东北老工业基地阻碍重重，政府管理亟须进行变革，政府管理创新是新一轮东北老工业基地振兴的基础保障，是新一轮东北老工业基地振兴的改革重点，是新一轮东北老工业基地振兴的时代要求，同时也是新一轮东北老工业基地振兴的重要途径。新一轮东北老工业基地的全面振兴正形成强大的倒逼之势，要求地方政府管理创新有所突破，要求东北老工业基地地方政府以全面推进管理改革为先导，在政府管理方面"想创新"且"会创新"，通过在政府管理理念、制度与行为等方面积极图变，实现政府治理体系与治理能力的现代化，带动东北老工业基地的经济社会脱困向好，走向全面振兴。

一、东北老工业基地全面振兴倒逼政府管理创新

政府是一个地区发展的规划者与领路人，对地区政治、经济和社会等相关事务进行管理，对其发展状况负责。自改革开放以来，我国创造了举世瞩目的发展成就，政治、经济和社会等领域发生深刻变革。在政治方面，通

过政治体制改革、行政机构改革、转变政府职能、简化行政审批等措施，以降低行政成本、提高行政效率，从人治到法治、从集权到分权，我国政府的管理模式实现了极大优化；在经济方面，由计划经济体制向市场经济体制转变，积极创新宏观调控方式、简政放权、着力调整结构"三管齐下"，从高度集中到自由发展，我国的经济体制发生了重要转型；在社会民生方面，政府管理创新始终强调提高社会保障、改善民生，在医疗卫生、教育、退休养老保障等群众利益息息相关的事情上创新提供公共服务的方式，强化政府的服务职能，着力打造服务型政府，从严格管制到更加侧重服务，我国的社会力量发展得到了更多的培育与扶持。在几十年的创新图变中，我国的政府管理不断推进创新改革，不断走向完善与成熟，在经济、政治、社会三个方面都建立起较为系统有序的管理体制。实践经验表明，现代化的政府唯有在积极适应经济社会发展需要的基础之上，与时俱进，方能更好地引领地区经济与社会的发展。实施政府管理创新能够使政府的管理职能不断转变，工作方式得到改进，运行机制实现进一步优化，且业务流程和技术手段向更加科学化和合理化发展。通过政府管理创新，政府工作的效率、效益和效果都将得到显著提升，这意味着建立一套有别于原有管理模式的新模式，并将引发积极的变化，提高管理效果。进行政府管理创新符合建设有限政府、法治政府和服务型政府的内在要求，有利于地方政府更好地服务于地方经济与社会的发展。

　　东北老工业基地曾有"共和国的长子""东方鲁尔"的美誉，新中国成立初期在国家经济发展中占有重要地位。凭借矿产、粮食丰富的资源优势以及领先全国的工业基础，东北老工业基地曾处于全国各省发展的领先位置。然而，伴随我国社会主义市场经济体制的全面建立，改革开放走向深水区与攻坚期，我国经济发展进入了新常态，中国特色社会主义进入了新时代，东北老工业基地没有及时根据市场经济体制发展的新要求做出相应转变，导致地区的发展不断放缓，经济优势逐步丧失，甚至出现了断崖式下跌。

东北老工业基地政府管理的欠佳，导致了其在政治、经济与社会等各方面的问题开始集中显现。中央政府的政策要求、地区发展的现实状况以及地区人民的殷切期待，无不倒逼着东北老工业基地地方政府加强政府管理创新，发挥地方政府在改革中的主导作用，带领东北老工业基地走出阴霾，走向全面振兴。在新一轮东北老工业基地全面振兴的战略背景下，东北老工业基地振兴难的发展现状倒逼地方政府加强管理创新，东北老工业基地振兴难主要表现在经济生态恶化、政治生态恶劣和社会民生问题严重三个方面。

第一，经济生态恶化倒逼政府管理创新。经济上，当前东北老工业基地正面临经济转型升级所带来的阵痛。东北老工业基地重化工业比重在60%以上，辽宁甚至高达80%。近年来，国际大宗商品价格低迷，国内重化工产能过剩，在市场需求大幅降低的环境下，东北老工业基地经济发展乏力较其他地区更为明显，2016年东北三省中辽宁经济甚至出现了负增长。从近几年各地区的经济发展态势来看，市场化程度越高的地区，经济增长相对越稳健，市场化程度低的地区则经济增长困难，而东北老工业基地恰恰属于后者。同时，东北老工业基地国企众多，"一股独大"以及由此带来的无人负责、人浮于事、效率低下等体制问题明显，如何加快形成有效制衡的公司治理结构以及灵活高效的市场化经营机制成为东北老工业基地亟待解决的改革难题。此外，近年来"投资不过山海关""开门招商，关门打狗"等关于东北营商理念与环境的言论甚嚣尘上，一定程度上也是对东北老工业基地营商环境的真实反映，这些现象体现出了在东北老工业基地因行政职能过度干预市场而导致的营商环境恶化。社会主义市场经济体制的不断完善，要求政府必须树立与之相符的管理理念，改变计划经济条件下经济管理的角色认知，加快转变行政管理职能。此等振兴难的发展现状正倒逼着东北老工业基地地方政府对标发达地区，加强政府管理创新，提升地方政府在地区改革发展中的引领作用，以深化供给侧结构性改革为主线，调整产业结构，发展新兴产业，加快市场化进程，从而增强经济社会的发展活力和微观主体的内生动力，提高全要素生产率，培育经济发展新动能。

第二，政治生态恶劣倒逼政府管理创新。政治上，东北老工业基地正承受着恶劣政治生态所带来的消极影响。计划经济时期，政府手伸得过长、管得过多过细，行政权力被不断放大，造成了权力观的畸形与规则意识的淡化。东北老工业基地作为实行计划经济时间最长的地区，行政权力对市场和社会的发展干预过多，以权谋私、公权私用现象屡见报端，对东北老工业基地地方政府的形象及地区的营商环境造成了恶劣影响。此外，恶劣的政治生态还意味着东北老工业基地行政效率和效益的低下，行政管理人员人才选拔的交易化、操作化与形式化，以及行政问责的空谈化与滞后化，等等。经济基础决定上层建筑，上层建筑必须时刻适应经济基础。恶劣的政治生态下，必然不存在善的政府实施善治。因此，想要实现东北老工业基地的全面振兴，必须做到刀刃向内，首先进行政府改革，以政府管理创新改良政治生态，营造国际化的一流营商环境，让地方政府在振兴东北老工业基地的改革发展中想作为、会作为、有作为。

第三，社会民生问题严重倒逼政府管理创新。社会上，着力保障和改善民生是振兴东北老工业基地所包含的重要方面之一。振兴东北老工业基地相关政策文件多次提到社会民生问题。2009年9月11日发布的《国务院关于进一步实施东北地区等老工业基地振兴战略的若干意见》中指出要"着力解决民生问题，加快推进社会事业发展"，并具体提出了"千方百计扩大就业""积极完善社会保障体系""解决好住房、冬季取暖等民生问题""促进教育、卫生等社会事业发展"等具体措施。2018年4月26日颁布的《中共中央、国务院关于全面振兴东北地区等老工业基地的若干意见》中提出，"要坚持把保障和改善民生作为推动东北老工业基地振兴的出发点和落脚点"，并提出"切实解决好社保、就业等重点民生问题""全面实施棚户区、独立工矿区改造等重大民生工程""推进城市更新改造和城乡公共服务均等化"等具体政策建议，这些政策措施实施使得东北老工业基地的民生问题得到极大改善。然而东北老工业基地面临着国有企业改革造成大批工人下岗失业，新生人口不断减少，老龄人口不断增多等带来的社会保障需求压力。目前东北老工业基地的社会保障还存在如覆盖面小、资金短缺、社会化程度低、管理体制混乱等问题。保障和改善民生是政府不可推卸的责任，东北老工业基地必须以社会保障相关制度与管理方式的创新，扩大社会保障的覆盖面，多渠道筹集资金补足短缺，并以健全相关法律为社会保障的实施与运行保驾护航。通过完善社会保障，促进东北老工业基地的社会稳定和经济发展。

总之，东北老工业基地振兴难的发展现状要求其地方政府必须突破藩篱，加大开放，解决东北老工业基地振兴发展中市场经济意识不强、市场主体活力不足、市场化程度不高、体制机制不活等问题。东北老工业基地振兴难的发展现状已形成了一股强大的倒逼之势，倒逼地方政府大刀阔斧地进行政府管理创新，突破体制机制障碍，全面深化各项改革，激发市场活力，增强内生动力，释放改革红利。

二、政府管理创新是新一轮东北老工业基地振兴的改革重点

党的十八届三中全会提出全面深化改革的总目标是"推进国家治理体系和治理能力现代化"；党的十九大提出，"到本世纪中叶，我国物质文明、政治文明、精神文明、社会文明、生态文明将全面提升，实现国家治理体系和治理能力现代化，成为综合国力和国际影响力领先的国家"。党的十九届四中全会审议通过的《中共中央关于坚持和完善中国特色社会主义制度、推

进国家治理体系和治理能力现代化若干重大问题的决定》指出，"坚持和完善中国特色社会主义制度、推进国家治理体系和治理能力现代化，是全党的一项重大战略任务"。政治治理现代化是国家治理现代化的重要组成部分，推进国家治理现代化，首先应当充分发挥政府在深化改革中的主导作用，建设现代政府，实现政府管理的现代化。不同的历史时期，政府扮演的角色不同，发挥的作用不同。在计划经济时代，政府是无所不包、无所不揽的管制者，是典型的全能型政府。而在市场经济条件下，新时期的现代政府不应再是全能的、包揽一切的管制者。现代政府应当积极进行角色转变，在促进与市场和社会的分工合作中，扮演良好发展环境的创造者、优质公共服务的提供者以及社会公平正义的维护者，以科学行政、民主行政、依法行政为价值取向，着力打造有限政府、有效政府与法治型政府，从而激发经济与社会发展的内生动力，为社会主义现代化建设铺路搭桥。现阶段东北老工业基地政府管理欠佳的现状决定了政府管理创新是新一轮东北老工业基地振兴的改革重点。

第一，有限政府建设难。东北老工业基地发展面临困境，究其原因正是在于地方政府还没有从管制型、全能型政府的角色扮演中抽离出来，适应政治经济发展的新常态，向建设有限政府转变。现代政府本应有所为，有所不为，精简组织机构，理性确定政府的职能边界。倘若政府组织机构臃肿庞大，管得过多过细，不仅将为市场和社会带来巨大压力，还将导致政府因负担过重而无法履职到位。目前，东北老工业基地地方政府在经济与社会领域手伸得过多过长，这是长久以来东北老工业基地振兴难的主要原因之一。地方政府的包揽一切，限制了市场主体和社会自治力量发展的自主性与能动性，不仅增添了政府履行职责的负担，还造成了市场和社会资源的浪费。全能并不意味着全优，有限并不等同于有失，振兴东北老工业基地需要地方政府清楚地认识到这一点，创新政府管理的理念、制度和行为，使经济、社会的发展摆脱对政府的依赖，以向有限政府转型，为自身也为市场和社会松绑。有限政府是有效政府的前提，理性划定政府权力与职能的边界，方能保障政府管理的效率和效益。

第二，有效政府建设难。东北老工业基地振兴难，还在于其地方政府管理的效率与效益有待提升，需要实现向有效政府的转变。建设有效政府要求政府不断地适应环境的发展变化，不断满足社会不同的需要，提高政府管理的效率和效益，这不仅是一种价值取向，还是一种运作的结果。有效政府不仅仅将政府视作"社会人"，同时也将其视为"经济人"，也追求公共利益的最大化，讲究投入与产出的比率。东北老工业基地正处于爬坡过坎的发展困难时期，经济疲软，后劲不足，社会保障和民生压力较大。中央层面时刻关注东北老工业基地的发展，基层百姓强烈期待走向振兴，东北老工业基地地方政府需要创新行政管理，重塑和再造行政文化，均衡政府功能，重构机构能力，以提高行政的效率与效益，打造有效政府，为地方政府引领东北老工业基地走向振兴提供支持与保障。

第三，法治政府建设慢。振兴东北老工业基地还需要地方政府加快建设法治政府的进程，推动地方政府管理从人治走向法治。党的十八大将基本建成法治政府确立为到2020年全面建成小康社会的重要目标之一。党的十八届四中全会后，将全面依法治国纳入国家"四个全面"战略布局。建设法治政府是全面推进依法治国、建设社会主义法治国家的关键环节。法律的生命在于实施，法律的权威在于落实。追求国家的法治化首先是政府行政行为的法治化，要"把权力关进制度的笼子里"，使政府权力依法而生、依法而定、依法而行，并且依法接受监督。纵观东北老工业基地发展现状，政府凭借垄断的行政权力，公权私用乱作为的现象仍不乏少数。行政权力的违法违规行使，扰乱了东北老工业基地市场和社会发展的客观规律与秩序，破坏了经济与社会发展中的公平与正义，造成了东北人凡事喜欢找关系、托人情的风气，规则意识淡薄，自然无法在市场经济的发展壮大中立足长久。行政权力的失控，必然会带来地区发展的失速和失效。因此，东北老工业基地地方政府必须加强政府管理的法治化建设，推动政府管理在法治化轨道上运行，以规范的政府管理行为，为东北老工业基地打造良好的营商环境，推动东北老工业基地早日走向振兴。

第四，廉洁政府建设慢。振兴东北老工业基地需要地方政府加快建设廉洁政府，推动地方政府管理遏制行政腐败现象，做到公正廉洁。党的十八大报告指出，"干部清正，政府清廉，政治清明"是党和政府今后工作的目标之一，而建设廉洁政府是政府工作的重中之重。李克强总理在国务院第一次廉政工作会议上强调，"深化职能转变、建设廉洁政府、营造风清气正的经济社会发展环境"，指出"要以强化对权力运行制约和监督为重点，大力推进廉洁政府建设"。腐败行为会增加行政成本，破坏社会风气，危害政府形象和公信力，损害公众合法权益，建设廉洁政府可以为促进政府管理创新提供精神支柱。东北老工业基地地方政府通过开展"反特权思想、反霸道作风"等不同内容的专项检查活动，全面推行廉政风险防控工作，还通过开展涉检信访案件评比检查等活动，整改自身执法不严、贪污腐败等突出问题。但是，由于东北老工业基地政府舆论宣传不到位、监管力度不足等原因，地方政府官员存在官商勾结、贪污腐败等现象，严重增加政府管理成本，降低政府管理的效率。东北老工业基地政府管理创新必须坚决把政府系统党风廉政建设和反腐败工作不断推向深入，加强廉政思想教育引导，强化领导干部廉洁自律意识，不断强化监管措施，全面推行政务公开，严厉防范和惩治行政机关领导干部和工作人员的腐败问题。

第五，服务型政府建设难。服务型政府是一个综合性的概念，是在公民本位、社会本位思想指导下，在整个社会民主秩序基础上，按照公民意愿建立以为人民服务为宗旨的行政机关，不仅涵盖了有限政府、责任政府等概念，也强调提高政府提供服务的职能和效率。改革开放四十多年来，建设服务型政府思想不断深化，政府职能不断转变。然而，由于公共服务体系尚不完善、绩效考核机制不健全等原因，东北老工业基地地方政府仍存在"官本位""权力本位"的意识，尚未把人民群众的需求放在第一位。东北老工业基地政府创新建设还需继续转变政府职能，深化简政放权，创新监管方式，增强政府公信力和执行力，建设人民满意的服务型政府。

总之，振兴东北老工业基地，实现东北老工业基地经济社会转型升级，必须发挥地方政府在改革中的主导作用，提升政府管理的能力与效果，政府管理创新势在必行。现阶段东北老工业基地政府管理创新不足，需要加以深化。转变行政职能是当前政府管理改革的突破口与核心，我们必须正视公众的无限需求与政府的有限供给这一客观矛盾。在2018年的行政体制改革中，东北老工业基地地方政府已然认识到了变革政府管理理念、制度与行为的必要性与重要性，并实施了诸如"放、管、服"改革等相关举措，但东北老工业基地地方政府在管理理念上仍保有官僚主义的思想残留，在管理制度上仍存在效率低下现象，在管理行为上仍不够精准协同。因此，振兴东北老工业基地必须以政治改革为先导，通过实施政府管理创新，率先变革地方政府管理理念、管理制度和行为中与社会主义市场经济不相适应的部分，从而帮助政府正确处理与市场和社会间的关系，为东北老工业基地发展壮大社会主义市场经济铺好路、搭好桥，不设卡、不设限，为市场主体和社会组织提供良好的政治环境与营商环境，从而带动东北老工业基地的经济与社会领域发生深刻变革，走出东北老工业基地全面振兴的第一步。政府管理创新的核心是服务，进行政府管理创新，变革东北老工业基地地方政府的管理理念、管理制度和管理行为，不仅可以为地区的发展提供更为优质的公共服务，还可以为地区的振兴提供更好的政策支持及更加强大的资金支持，同时还将为市场主体和社会组织提供更为宽广的发展空间与平台。由此，深化东北老工业基地政府管理创新是振兴东北老工业基地的题中应有之义。

1.政府管理理念创新是振兴东北老工业基地的先导

政府管理创新是政府组织在变革、转型的社会中，不断适应变化和动荡的外在环境，通过形成新的结构流程、机制和行为方式探寻和建立较为合理的政府体制运转模式，从而确保社会资源能够得到优化配置，确保最大程度地实现公共利益。东北老工业基地政府管理创新尚且不足，政府管理理念革新不彻底，必须着力剔除官僚主义的思想残留。东北老工业基地进入计划经济最早而退出最晚，在计划经济体制下，政府统管市场与社会，行政权力被一再放大，从而使官僚主义与官本位思想不断强化，并进一步导致政府部门行政人员崇拜权力、迷恋权力、不敬畏权力。转变行政职能是当前政府管理改革的突破口与核心，虽然东北老工业基地地方政府在2018年的政府机构改革中积极响应中央号召，以建设法治政府、创新政府、廉洁政府、服务型政府为目标，不断变革行政思想，但行政人员的权力观念与规则意识仍有待修正与提升。振兴东北老工业基地需要地方政府的统筹规划与正确领导，政府管理创新以革新行政理念为先导，东北老工业基地需要地方政府从理念上彻底清除不正之风，以崭新理念开启全面振兴的思想总阀门。

2.政府管理制度创新是振兴东北老工业基地的重要一环

制度是将理念转化为行动的重要桥梁，制度创新是政府管理创新的重要一环。东北老工业基地需要积极推动上层建筑适应经济基础，以高效率、高收益的先进制度为全面振兴提供硬性保障。然而纵观东北老工业基地政府管理现状，政府管理制度革新力度低，在制度创新方面仍旧缺乏建树。总体上，地方政府管理制度呈现僵化，如政府的人才选拔录用制度缺乏灵活性，重大事项决策制度缺乏科学性，政府绩效评估制度缺乏合理性，行政责任追究制度缺乏实践性。政府管理制度创新不足，导致了东北老工业基地制度供给出现问题，改革的神经末梢反应迟缓，政府管理的体制机制运行不畅。当前，由于政府管理制度创新的不足，东北老工业基地的制度供给与政策匹配间尚未形成完善的制度体系与强大合力。基于东北老工业基地制度供给与振兴步伐尚未合奏的现状，东北老工业基地振兴需要地方政府深化政府管理制度创新。

3.政府管理行为创新是振兴东北老工业基地的最后一关

自1982年以来，我国已进行八次政府改革，初步解决了政府管理"管什么"以及"由谁来管"的问题，接下来需要在改革中主要关切解决政府管理"怎么管"的问题。按照逻辑层次上的递进，在创新政府管理的理念与制度之后，应在宏观上着力推进政府管理行为的创新，在微观上提升公务员个体的管理方法与技巧。但目前我国政府管理行为面临着不协同、不精准、不常态的问题，东北老工业基地也在所难免。虽坚持落实简政放权、放管结合、优化服务，设立综合行政办事大厅等，优化管理行为，努力便民利民，但仍存在着各行政部门间没有形成合力、政府管理行为缺少量化、浪潮式和陷阱式行政管理犹存的问题。政府管理创新的行为落实直接关乎政府管理创新的实效，是振兴东北老工业基地的路径保障。当前只管不理、以罚代管行为的存在，证明了东北老工业基地政府管理行为创新有待提升，在振兴东北老工业基地的改革中必须正视这一问题，坚持刚柔并济、奖惩并举，加大政府管理行为创新力度，促进政府管理创新行为落到实处，以不折不扣的行为落实，把好东北老工业基地振兴的最后一关。

现阶段东北老工业基地政府管理创新不足的现状，决定了政府管理创新是新一轮东北老工业基地振兴的改革重点。自中共中央、国务院提出实施振兴东北等老工业基地的战略决策以来，十余年间，虽然已经收获阶段性成效，但改革也随之走向触动深层利益的艰难阶段。在外有国家全面深化改革开放，努力实现"五个现代化"，内临经济出现断崖式下跌，发展面临滚石上山之难的环境下，东北老工业基地必须主动适应内外部环境的日新月异，锐意求变，形成适应国家和地区发展需要的政府机构与管理流程、行政体制机制和行政方式。在政府管理创新方面，以建设有限政府、有效政府、法治政府、廉洁政府、服务型政府、创新政府为目标，提升软性认识，加强制度保障，强化基层落实。政府管理创新是克服政府旧有顽疾的必然选择，是东北老工业基地走向振兴的必然需要，是东北老工业基地全面振兴改革的重中之重。

三、政府管理创新是新一轮东北老工业基地振兴的基础保障

东北老工业基地振兴战略兴起于2003年，如图12所示，自2003年实施东北老工业基地振兴战略以来，辽宁省的第一、二、三产业产值和国民生产总值呈现上升趋势，且增长速度相对平稳，但在2013年，辽宁省的第一、二、三产业产值增速与国民生产总值增速突然下滑，出现断崖式下跌，尤其在2016年增长速度下滑颇为显著，只有第三产业产值增速仍保持为正数，第一、二产业产值增速与国民生产总值增速均为负数，2016年至2018年期间，辽宁省生产总值与第一、二、三产业产值增速经历短期上升，但是在2019年和2020年开始出现急剧下滑。

从1993年至今，黑龙江、吉林、辽宁三省在全国范围内的GDP排名在总体上也呈现出下降趋势，如图13所示，虽然个别年份的排名有所上升，但也是昙花一现，排名下落是三省的总体趋势。黑龙江省由第12位下降至第25位，后退13名；吉林省由第19位下降至第26位，后退7名；辽宁省由第4位下降至第16位，后退12名，且其GDP排名的后退情况在第一、二、三产业产

值增速与国民生产总值增速出现断崖式下跌后尤为显著，2015年直接由原有的第7位下降至第10位，一年内后退3名，此种情形在2016年更为严重，直接由原有的第10位下降至第14位，一年内后退4名。2016年至2020年间，东北三省的国民生产总值增速与GDP排名总体持续下滑，经济发展状况未出现明显好转。出现如此境况归根到底是由于前一轮振兴解决的是经济问题，未能解决东北老工业基地的体制机制障碍问题，为此，为实现东北老工业基地的持续振兴须以政府管理创新为保障，真正突破东北老工业基地既有的机制与体制障碍，实现本质问题的解决。政府管理创新不仅是东北老工业基地振兴的先导者与领路者，更是东北老工业基地振兴的保驾者与护航者，在东北老工业基地振兴的进程中发挥保障作用。本研究将从理念创新、制度创新和行为创新三个层面分析政府管理创新对东北老工业基地振兴的基础保障性作用。

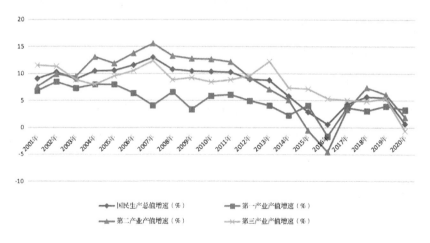

图12 2001—2020年辽宁省国民生产总值的增速分布图

资料来源：http://www.ln.stats.gov.cn/tjgz/

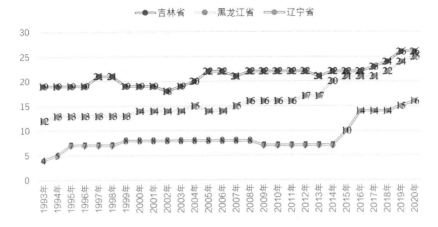

图13 1993—2020年黑、吉、辽三省的GDP排名分布图

资料来源：http://www.stats.gov.cn/

1.政府管理理念创新是东北老工业基地振兴的理念基础保障

东北老工业基地的振兴之路上路障重重，而最深层的路障即发展理念陈旧，缺乏走向振兴的思想基础。长期计划经济的惯常态使得东北老工业基地政府、企业及公民对市场的信任度低，对市场经济发展的客观规律仍旧抱有存疑态度，发展的理念仍不够自由开放。曾经行政权力的一度被放大，导致地方政府、企业及公民的规则意识较差，积极参与公平竞争的意识薄弱，而且地方政府向有限政府、法治政府和服务型政府转型的意识也有待强化，这成为东北老工业基地振兴严重的思想障碍。面对东北老工业基地振兴中的困局与羁绊，需要以政府管理理念创新为先行基础保障，不断革故鼎新、与时俱进，为东北老工业基地振兴保驾护航。党的十六大以来，振兴东北老工业基地被提上议事日程，东北老工业基地地方政府须意识到东北老工业基地振兴已不再是东北地区政府和民众的事情，而是全国范围内的大事情。东北老工业基地的振兴牵动着中央政府和全中国人民的心，通过政府管理理念创新，包括服务理念、营商理念、法治理念、全面质量理念、创新理念等，发

挥其在东北老工业基地振兴中的基础保障性作用。

第一，服务理念创新。在服务理念层面，长期以来东北老工业基地地方政府受到计划经济色彩的浸染和全能型政府的影响，倾向于打造面面俱到的政府形象，以致在此过程中将政府的有形之手伸入不应由其直接参与的领域，同时又未能将政府的有形之手及时地伸入理应由其直接参与的领域，其中以公共服务领域尤为欠缺。一方面，东北老工业基地地方政府的公共服务供给相对欠缺，教育、医疗、养老等基础性领域出现供小于求的矛盾现象，尚未实现学有所教、病有所医、老有所养；另一方面，东北老工业基地地方政府未能坚持顾客导向，并易于出现供给与需求相脱节的现象，政府对公共服务需求的把握不足，所提供的公共服务并非公民所需要，因此，在东北老工业基地的振兴之路上，地方政府需通过管理理念创新，形成以人为本的服务理念，发挥政府服务理念创新在东北老工业基地振兴中的保障性作用。

第二，营商理念创新。在营商理念层面，长期以来，"投资不过山海关"的论述犹如噩梦般萦绕在东北老工业基地的上空，伴随着东北现象的发生，东北老工业基地的唱衰之声更是层出不穷。有不少企业家反应，东北的营商环境和南方的一些地区相比确实存在不小差距，因此，在东北老工业基地的振兴之路上，地方政府需通过营商理念创新，塑造重商、亲商、爱商的营商理念，明确地方政府并非营商主体，而是营商环境的塑造者与保持者，要在大力推进国有企业改革的同时，为民营企业提供良好的生存空间，激发市场活力，发挥政府营商理念创新在东北老工业基地振兴中的保障性作用。

第三，法治理念创新。在法治理念层面，法治观念是实现东北老工业基地振兴中不可或缺的重要组成部分，是确保东北老工业基地振兴中相关改革举措有序推进的保障，但东北老工业基地的"官本位"思想根深蒂固，对权力盲目崇拜，长期以来奉行"学而优则仕"的观念，将官员等同于权力，在淡化的规则意识的驱使下，易于忽视公权力与私权利的界限，将公权力演变为官员的私有财产，并退化为为私人谋取利益的武器，以致法治观念的全面落实尚未实现。此外，东北老工业基地中的人情色彩浓厚，自古以来，东北老工业基地便有重情重义的文化传统，但由于过分地重视情义，最终演化成为行政文化中的人情社会，政府行政人员在履行公权力的过程中，易于受到裙带关系与人情利益的羁绊，使得行政人员难以时刻践行依法行政的理念与原则，未能将法治观念贯穿始终。因此，在东北老工业基地的振兴之路上，地方政府需通过政府管理理念创新，形成"有法必依、执法必严、违法必究"的法治观念，发挥政府法治理念创新在东北老工业基地振兴中的保障性作用。

第四，全面质量理念创新。史蒂文·科恩、罗纳德·布兰德认为，"政府全面质量管理是一种全员参与的、以各种科学方法改进公共组织的管理与服务的，对公共组织提供的公共物品和公共服务进行全面管理，以获得顾客满意为目标的管理方法、管理理念和制度"。政府全面质量管理强调的是运用现代质量管理理念方法持续推进各项工作、为服务对象提供优质服务、保障政府可持续发展。东北老工业基地拥有丰富的自然资源，形成了一批以资源开采、加工为主导产业的资源型城市，重工业发展迅速为东北老工业基地带来了经济上的繁荣，同时也对社会环境造成不可逆的严重危害。由于东北老工业基地矿产资源等自然资源开采时间较长，很多城市出现资源枯竭现象，出现大面积的环境污染和生态破坏。政府管理以经济建设为中心，忽视经济发展的高质量和可持续性。在东北老工业基地振兴进程中，为避免重蹈过去资源消耗巨大、环境污染严重、生态环境恶化的覆辙，实现地区经济社会的可持续发展，东北地区政府必须树立全面质量理念，通过不断的实践探索推行政府全面质量管理理念、方法和工具，推动政府科学管理，从而提升东北老工业基地政府管理的质量与科学化水平。

2.政府管理制度创新是东北老工业基地振兴的制度基础保障

东北老工业基地振兴战略起始于2003年，至今已有十八年之久，通过对政策文本的梳理可知，十八年间中央政府针对东北老工业基地振兴共计出台了97项政策，如图14所示，从2003至2020年，中央政府针对东北老工业基地振兴的政策出台从未间断，且出现两次峰值，一次为2004年，一次为2016年。2003年年末中央首次提出东北老工业基地振兴战略并形成东北振兴小组，相关政策数量在2004年达至首次峰值，伴随着2013年经济增速的断崖式下跌，从2014年至2016年的3年间，相关政策数量逐步上升，并在2016年达到二次峰值，自从2016年之后，中央针对东北老工业基地出台的政策数量逐年降低。2021年3月11日发布的《中华人民共和国国民经济和社会发展第十四个五年规划和2035年远景目标纲要》中又提出了支持东北地区发展的目标和规划。纵观97项政策，其中包括振兴东北老工业基地的若干意见、所得税优惠政策、棚户区改造、人才科技发展等诸多方面。但是东北老工业基地地方政府对中央政策在地方的放大尚有欠缺，未能将中央政策全部转化为与东北老工业基地发展现实相适应的政策与制度，因此，在东北老工业基地的振兴之路上，地方政府需提升政策转化能力与转化水平，通过政府管理制度创新，形成与东北老工业基地振兴相契合的制度体系，为东北老工业基地振兴保驾护航。

伴随着公共部门对企业管理方式的引进与使用，政府的绩效考核制度方兴未艾，并由此成为考察政府工作情况和行政人员晋升的主要参考依据，但逐步呈现出"唯GDP论"的趋势，GDP逐步成为发展的出发点与落脚点，一切以GDP为依归。在"唯GDP论"的驱动下，东北老工业基地地方政府的行政官员以政绩考核为第一要义，将经济建设摆在首要位置，不仅将政府的有形之手直接伸向经济活动的微观领域，忽视了市场在资源配置中的决定

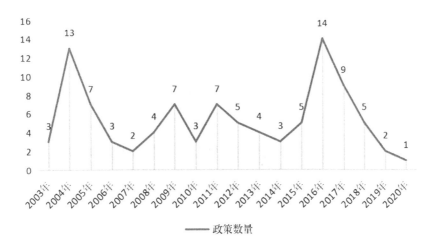

图14　200—2020年中央针对东北老工业基地政策的数量分布图

性作用，延续着计划经济时代的行为惯性，未能适应市场经济的发展，而且忽视了其对公共服务职能的履行，对公共服务供给的投入不足。此外，在政府履职出现"缺位""越位"和"错位"现象的同时，亦滋生了诸多"面子工程"和"形象工程"，财政支出利用率也比较低，必须要提高管理效率，降低成本，节约财政支出。因此，在东北老工业基地的振兴之路上，地方政府需明确职能定位，通过政府管理制度创新，完善制度保障，坚决抵制东北老工业基地地方政府在履职进程中的"越位""缺位"和"错位"现象，杜绝"面子工程"与"形象工程"，形成科学、合理、高效的政府绩效考核体系，为东北老工业基地振兴奠定制度基础保障。

3.政府管理行为创新是东北老工业基地振兴的实践基础保障

东北老工业基地振兴需要以政府管理行为创新为保障，因地制宜、对症下药，"拿来主义"是应坚决被予以抵制的。东北老工业基地的振兴与西部大开发、经济特区的开发等均不相同，并没有一套成型的、既定的发展和行为模式可供使用；在国际范围内，虽存在诸多老工业基地，如德国鲁尔区、法国北加莱区、美国"锈带"等，但基于其间国别、地域文化等的差别，德国鲁尔区、法国北加莱区、美国"锈带"等的振兴与转型方式无法直接运用于东北老工业基地振兴中来，为此，地方政府须通过政府管理行为创新，形成具有中国特色且与东北老工业基地发展现实相承接的行为逻辑，以发挥其在东北老工业基地振兴之路上的保障性作用。政府管理行为创新是政府管理创新的落实，是建设服务型政府、提高政府公信力的必要途径，是政府理念创新和制度创新的实践和保障，对东北老工业基地政府职能转变、治理能力和治理现代化建设具有重要的直接影响。政府行为革新必须意识到东北老工业基地存在的自然资源消耗过大、计划经济体制带来的思想滞后、行政体制转型不彻底等问题，破除从计划经济时代延续下来的一些政府行为方式，充分借鉴国外国内有益经验，为东北老工业基地政府管理行为创新提供经验指导。

党的十八大提出着力推进社会治理精细化，构建中国特色社会主义社会管理体系，要坚持党委领导、政府主导、社会协同、公民参与、法治保障的管理体制。在社会治理中，治理主体的多元化成为时代的新名词，多主体的协同共治方为治本之策。在公民参与层面，政治参与程度是用来衡量一个国家政治文明程度的重要指标，公民群体更是政治参与中不可或缺的部分和内容。公民政治参与可以有效提升政府行为的透明度，增强公民群体对政府的认同感与归属感，有助于提升政府公信力，但与东南沿海等较发达地区相比，东北老工业基地的公民参与明显不足。为此，东北老工业基地地方政府须通过政府管理行为创新，畅通公民政治参与渠道，增强公民政治参与热情，提升公民政治参与积极性，以发挥政府管理行为创新在东北老工业基地振兴之路上的保障性作用。在社会组织层面，社会组织的发展程度是用来衡量社会发育程度的重要指标，社会组织与第一部门（政府）、第二部门（市场）相辅相成，成为第三部门的行为主体。伴随着经济的腾飞、政治的进步、公民意识的觉醒和社会组织力量的壮大，社会组织在社会治理与发展中的地位和作用是不容忽视的，尤其在政府购买公共服务已蓬勃发展的语境中，如养老服务等，社会组织可以通过政府购买的方式，与政府相关部门达成协议，为公民群体提供公共服务，助力东北老工业基地振兴。为此，东北老工业基地地方政府须通过政府管理行为创新，实现政府、市场与社会三者间的统筹与互补，以发挥政府管理行为创新在东北老工业基地振兴之路上的基础保障性作用。

习近平总书记在党的十九大报告中强调"必须坚定不移贯彻创新、协调、绿色、开放、共享的发展理念。必须坚持和完善我国社会主义基本经济制度和分配制度"，"不断推进国家治理体系和治理能力现代化，坚决破除一切不合时宜的思想观念和体制机制弊端，突破利益固化的藩篱，吸收人类文明有益成果，构建系统完备、科学规范、运行有效的制度体系，充分发挥我国社会主义制度优越性"，同时提出，要"实施区域协调发展战略"，"深化改革加快东北等老工业基地振兴"。可见，理念、制度与行为的与时俱进对于现代政府管理的重要意义。立足当前东北老工业基地的发展现状，政治、经济、社会、文化及生态等各方面的发展压力已经形成强大的倒逼态势，要求东北老工业基地地方政府必须认识到政府管理创新在新一轮东北老工业基地振兴中的基础保障性作用，将政府管理创新作为新一轮全面振兴的改革重点，求突破，谋发展。

四、政府管理创新是新一轮东北老工业基地振兴的迫切需要

近年来，随着世界经济一体化和我国改革开放进程加速，我国在世界经济中的地位逐渐提升，同时，国家间竞争日益激烈，后疫情时代背景下国内

外形势更加复杂多变，传统的"以政府为中心"的政府管理模式无法应对新的挑战和机遇，顺应时代发展之势的政府管理创新是新一轮东北老工业基地振兴的迫切需要。

1. 政府管理创新是"双循环"背景下振兴东北老工业基地的迫切需要

2020年5月14日，中共中央政治局常委会会议首次提出"深化供给侧结构性改革，充分发挥我国超大规模市场优势和内需潜力，构建国内国际双循环相互促进的新发展格局"。2020年10月26日，党的十九届五中全会审议通过了《中共中央关于制定国民经济和社会发展第十四个五年规划和二〇三五年远景目标的建议》，建议将"加快构建以国内大循环为主体、国内国际双循环相互促进的新发展格局"纳入其中。2021年3月，《中华人民共和国国民经济和社会发展第十四个五年规划和二〇三五年远景目标纲要（草案）》在十三届全国人大四次会议上审议通过，其提出的指导思想中包括"加快建设现代化经济体系，加快构建以国内大循环为主体、国内国际双循环相互促进的新发展格局"。"双循环新发展格局"要求在发展过程中，充分利用国内国际两个市场、两种资源优势，以国内循环为主体，国内国际双循环相互促进，推动中国的高质量发展。"双循环新发展格局"是我国根据当前国际形势和经济发展的需要提出的新的发展格局"，是推动开放型经济向更高层次发展的重大战略部署。自从中国加入WTO以来，中国在国际上的经济影响力逐渐提升，已成长为世界第二大经济体、第一制造业大国和最大的货物贸易国。但是，中美贸易摩擦、中国同周边国家的经济贸易摩擦时有发生，尤其是从2019年开始的中美贸易摩擦对中国经济发展产生重要影响。中美贸易摩擦不是单纯的贸易战，而是经济利益与政治现实的平衡，中国应该把握国际经济环境的变化趋势，及时调整经济贸易发展战略，加快制度的创新和调整，将制度因素作为经济发展的重要影响因素来考虑。

东北老工业基地作为我国重要的工业基地，同时也是农产品的主产区之一，在中国经济发展中发挥着重要的作用，但是也面临产业转型升级困难的问题，需要在科技创新、开放新前沿等方面进行突破，提升和增强对外开放的水平与力度。创新政府管理模式是畅通双循环中东北老工业基地振兴与制造业转型升级的迫切需要。这主要体现为两点：一是扩大内需是东北老工业基地经济发展、产业转型升级的迫切要求，需要政府创新管理理念，优化公共服务以改善民生；二是继续扩大对外开放是振兴东北老工业基地的迫切要求，这就要求政府深入推进供给侧改革，增强技术创新力度，激发企业活力，促进经济转型升级。

2. 政府管理创新是电子政务蓬勃发展背景下振兴东北老工业基地的迫切需要

信息技术的发展带来了电子政务的兴起，电子政务作为现代政府管理理念与互联网技术相结合的产物，为提高政府效能、增强政府公信力、推进国家治理体系和治理能力现代化提供了重要的技术支持。联合国发布的《电子政务调查》（2020版）中显示，2020年中国电子政务实现跨越式发展，两大核心指标（电子政务发展指数和电子参与指数）同时达到"非常高"水平。2018年7月31日，国务院印发《关于加快推进全国一体化在线政务服务平台建设的指导意见》，《意见》指出要"深入推进'互联网+政务服务'，加快建设全国一体化在线政务服务平台"，为建设便民利民的政府提供有力支撑。2020年6月11日，国家市场监管总局等六部门印发《国家电子政务标准体系建设指南》，提出加强电子政务领域标准化顶层设计，推动电子政务标准体系建设和应用实施，为推进国家治理体系和治理能力现代化提供了有力支撑。随着大数据、人工智能、物联网、区块链等技术的发展，电子政务效能不断提高，为深化简政放权、政府管理创新提供了有力的技术保障。

东北老工业基地电子政务建设也不断完善，首先，是政务平台体系建设逐步完善。以黑龙江省为例，黑龙江省在2019年出台《黑龙江省加快推进一体化在线政务服务平台建设实施方案》，提出至2021年年底前，全省政务服务事项办理做到标准统一、整体联动、业务协同，各类政务服务事项全部纳入平台运行和管理以及全面实现"一网通办"的建设目标。为确保该目标的实现，黑龙江省委、省政府把电子政务云建设作为建设人民满意服务型政府的基础性支撑，相继出台一系列发展云计算、"互联网+"等政策措施，全面启动省级电子政务"一朵云"建设，省营商环境建设监督局分别与中国移动通信集团、中国电信股份有限公司、浪潮软件集团有限公司和华为软件技术有限公司签订合作协议，通过政务信息系统迁移上云，逐步打破"数据烟囱"和"信息孤岛"，进一步完善省政务平台体系，着力打造"数字政府"。

其次，电子政务平台建设实现创新，建立政府手机微信公众号、微博账号等，促进基层政府部门信息公开和提高工作效率。但是，由于东北老工业基地电子政务建设还存在数据共享不畅、业务能力较低、事项标准不统一、办理流程繁杂等问题，迫切需要政府改善管理理念，转变政府职能，强化规范管理，加快服务型政府建设。信息技术催生政务治理不断创新，政府管理创新将提升政府数字化服务企业的现代化水平，推动东北老工业基地全面振兴。

3. 政府管理创新是后疫情时代振兴东北老工业基地的迫切需要

新型冠状病毒疫情的暴发对中国的经济发展和社会发展都产生了巨大影响，社会深层次矛盾凸显，对于政府管理创新提出了新的要求。

首先，新型冠状病毒疫情的暴发暴露出政府应对突发公共事件的不足之处以及完善应急管理机制的重要性。在此次疫情应对过程中，东北老工业基地地方政府在应对疫情过程中存在应急能力不足、信息公开不及时等问题。应急管理制度创新成为东北老工业基地地方政府迫切需要革新的方面，应将公共危机管理纳入法治化轨道，加快建立公共危机管理的预警、救治和恢复机制，提高公共危机识别和捕获能力。

其次，在治理主体方面，社会组织、公民个人在疫情防控、社会治理中发挥着越来越重要的作用，基层社区在疫情防控中扮演着重要角色，这需要政府继续推进管理多元主体参与模式、政府管理权限下放等改革举措，推动政府管理能力建设。

再次，新冠病毒疫情爆发对全球经济发展以及全球环境带来了很大的改变，对于中国而言，疫情对制造业、服务行业影响巨大，同时也催生了新的产业领域的发展，例如制造业智能制造、无人配送行业、在线消费、在线教育行业等，给"新产业、新业态、新模式"的"三新"经济带来重大发展机遇。政府在化解疫情冲击、保障社会民生、稳定经济增长过程中发挥着重要作用。对于东北老工业基地而言，制造业、重化工产业在疫情影响下经济发展下行压力增大，迫切需要政府转变发展理念，完善制度机制，对产业转型升级、加大科技投入力度进行详细规划，减小疫情带来的经济损害，为迅速恢复经济发展、稳定社会民生提供重要支撑。

第四章　东北老工业基地
政府管理创新不足的表现与成因：
基于黑、吉、辽与江、浙、沪的对比

东北老工业基地是对辽宁、吉林、黑龙江和内蒙古呼伦贝尔市、兴安盟、通辽市、赤峰市和锡林郭勒盟等东北地区的老工业基地的统称。鉴于研究需要，在此率先说明本报告中所研究的东北老工业基地为狭义的东北地区，即辽宁省、吉林省和黑龙江省东北三省，不包括内蒙古东部地区。

自我国政治经济发展进入新常态，"三期叠加①"为东北老工业基地的发展带来前所未有的挑战。自2003年实施振兴东北老工业基地战略以来，东北老工业基地经济、社会的各领域虽实现企稳向好发展，但其行政管理上深层次的结构性、体制性问题依然没有得到彻底解决，成为阻碍经济发展的主要影响因素之一。在2019年，黑、吉、辽三省GDP增速均低于全国平均水平，其中黑龙江、吉林两省GDP增速低于全国平均水平2—3个百分点，而辽宁省GDP增速低于全国平均水平0.5个百分点。在2020年黑龙江、辽宁两省GDP增速低于全国平均水平1—2个百分点，而吉林省也仅高于全国水平0.1个百分点，且黑龙江、吉林两省均处于全国后7位。东北三省现行的行政

---

①三期叠加：三期叠加是以习近平为总书记的党中央为适应新常态对经济形势作出的重要判断。具体指增长速度换档期、结构调整阵痛期、前期刺激政策消化期三个阶段。

管理体制以及政府职能越来越不能适应市场化的需求，与我国东部地区的发展差距显而易见。

改革开放40多年来，以江苏、浙江及上海为代表的我国东部地区发展速度较快，且发展成果显著。"十二五"期间，江苏省地区生产总值超过7万亿元，年均增长9.6%；浙江省地区生产总值达近4.3万亿元，年均增长8.2%；上海市全市生产总值达到2.5万亿元，五年间年均增长7.5%，并在改革创新方面取得重大突破，顺利完成中国（上海）自由贸易试验区扩区工作，一大批制度创新和科技创新的政策举措落地见效。在2020年，江苏省成为亮眼的新星，受益于战略性新兴产业、高新技术产业产值占工业产值比重的不断攀升以及数字经济的高速发展，其GDP增至10.27万亿元，首次突破10万亿，这也意味着江苏成为全国GDP破10万亿的两个省份之一。浙江省地区生产总值超过6.4万亿元，年均增长3.6%，GDP排名挤进全球经济体二十强；而上海市全市生产总值也超过了3.87万亿元，年均增长1.7%。江苏、浙江和上海高速度、高质量的经济发展得益于其持续有效的政府管理创新。

党的十八届三中全会提出，全面推进"国家治理体系和治理能力现代化"，亦被称为我国的"第五个现代化"——政治现代化。政治的核心是公共权力，公共权力的核心是政府。因而，国家治理体系和治理能力的现代化关键在于政府自身的现代化。推动政府提高行政效率、改善服务质量、增进公共利益，最有效的途径就是进行政府管理创新。党的十九大报告指出，完善公共服务体系，保障群众基本生活，不断满足人民日益增长的美好生活需要。伴随着全面深化改革工作不断朝纵深方向发展，促进政府管理职能变革、创新政府社会管理理念与方法是目前政府改革的关键突破口。而十九届五中全会更是强调了要坚持创新发展，必须把创新摆在国家发展全局的核心位置，地方政府理应深入贯彻十九届五中全会精神，在政府管理方面进行创新发展。

我国以江、浙、沪为代表的东部沿海地区在成为国家经济发展的示范区与领航者的同时，涌现出大批政府管理创新的先进案例，蕴含着宝贵的勇于解放思想、敢于改革突变和善于创新创造的改革精神，对于其经济社会的发展起到了重要的保障、支持和引领作用。2016年10月18日，国务院总理李克强在国务院振兴东北地区等老工业基地领导小组会议上，明确提出"东北地区要全面对标国内先进地区"，建立对口合作机制，转变观念、振奋精神、扎实苦干，努力打赢东北振兴攻坚战。此外，在国务院发布的《关于深入推进实施新一轮东北振兴战略 加快推动东北地区经济企稳向好若干重要举措的意见》（国发62号文件）中提出，组织辽宁、吉林、黑龙江三省与江苏、广东、浙江三省，还有沈阳、大连、长春、哈尔滨和北京、上海、天津、深圳四市建立对口合作机制，开展互派干部挂职交流和定向培训，通过市场化合作方式积极吸引项目和投资在东北地区落地，支持东北装备制造优势与东部地区需求有效对接，增强东北产业核心竞争力。2017年3月，国务院办公厅印发《东北地区与东部地区部分省市对口合作工作方案的通知》，这是国家层面对东北地区与东部地区对口合作工作的又一重要部署，标志着两大地区对口合作进入了全面推进落实新阶段。"要以东北地区与东部地区对口合作为依托，深入推进东北振兴与京津冀协同发展、长江经济带发展、粤港澳大湾区建设等国家重大战略的对接和交流合作，使南北互动起来。"对口合作是发挥我国制度优势促进跨区域合作的创新举措，对于充分发挥中央和地方两个积极性，形成共同推进东北地区实现全面振兴全方位振兴的合力意义重大。[①]

东部地区地方政府用崭新的面貌和有力的行动在改革开放的新形势下竖

---

① 王沫.对口合作:引领东北振兴的跨区域合作发展之路[J].奋斗，2019(14):63-67.

起一面创新管理的旗帜，其实践成果也为全国提供了样本。东部地区各省促进经济社会全面发展的精神与经验，值得东北老工业基地地方政府对标自省，取长补短。因而基于东北老工业基地新一轮全面振兴的现实需要，加之以国家的政策导向，本研究选取江苏、浙江与上海为标杆，与辽宁、吉林、黑龙江三省进行比较研究，以期在对比中发现不足，为东北老工业基地加强政府管理创新从而走向新一轮振兴提出可操作的改进和优化建议。

一、东北老工业基地政府管理创新不足的表现

政府管理创新是指政府机构通过不断转变管理职能、改进工作方式、优化运行机制、重造业务流程、提高技术手段和增强自身能力而提高政府工作的效率、效益和效果的创新活动。[①]政府管理创新与地区发展间紧密联系，相辅相成。倘若政府管理创新到位，将对地区的发展起到正面促进作用；反之则将阻碍地区发展。综合考量东北老工业基地近年来的发展现状，对标江苏、浙江与上海，可以发现东北老工业基地地方政府管理创新不足确是客观存在。本研究从行政职能、行政方式、管理机制、管理流程与政策法规五大方面进行切入，具体分析东北老工业基地政府管理创新不足的表现。

1.行政职能转变不到位

行政职能也叫政府职能，是指行政主体作为国家管理的执行机关，在依法对国家政治、经济和社会公共事务进行管理时应承担的职责和所具有的功能，它体现着公共行政活动的基本内容和方向，是公共行政本质的反映。行政职能主要包括政治职能（军事保卫职能、外交职能、治安职能和民主政治建设职能）；经济职能（宏观调控职能、提供公共产品和服务职能、市场监

---

① 王澜明.继续推进政府管理创新 进一步建设服务型政府[J].中国行政管理，2011(1):7-11.

管职能）；文化职能（发展科学技术的职能、发展教育的职能，发展文化事业的职能和发展卫生体育的职能）以及社会职能（调节社会分配和组织社会保障的职能、保护生态环境和自然资源的职能、促进社会化服务体系建立的职能、提高人口质量和实行计划生育的职能）。行政职能规定着政府管理的基本内容和根本任务，是政府部门在管理活动中所承担的基本职责和功能。改革开放以来，随着国家经济体制改革的不断深化，政府的职能重心发生重要转变。政府职能转变是指国家行政机关在一定时期内，根据国家和社会发展的需要，对其应担负的职责和所发挥的功能、作用的范围、内容、方式的转移与变化。2017年6月13日，李克强总理在全国深化简政放权放管结合优化服务改革电视电话会议上指出，要不断将"放管服"改革向纵深推进，坚持不懈推动政府职能转变。党的十九届五中全会提出要坚持和完善社会主义基本经济制度，充分发挥市场在资源配置中的决定性作用，更好发挥政府作用，推动有效市场和有为政府更好结合。要激发各类市场主体活力，完善宏观经济治理，建立现代财税金融体制，建设高标准市场体系，加快转变政府职能。因此，"简政放权、放管结合、优化服务"是东北老工业基地以转变政府职能带动地区走向新一轮全面振兴的重要突破口，是地方政府进行管理创新的关键内容。然而，东北老工业基地地方政府行政职能转变不到位，具体体现在简政放权落实不力、政府监管随意性强、公共服务履职弱化三个方面。

（1）简政放权落实不力

所谓简政放权，一是由上级政府向下级政府放权，通过优化行政权力配置，提升政府部门的行政效率；二是由政府向市场和社会分权，突出市场的主体地位，发挥市场在资源配置中的决定性作用，充分调动社会组织在提供公共服务等方面的积极性，创造良好的社会治理环境。党的十八届三中全会以来，为适应新时代发展环境的变化，回应社会公众需求，化解新常态下的发展风险，政府以纵向放权、横向分权，精简错装在政府身上的"有形之手"，破除束缚市场主体的"无形枷锁"，从而为企业和社会放活力、添动力、增强创造力。简政放权是转变政府职能的"当头炮"，是政府进行管理创新的"先手棋"。提高简政放权的"含金量"，确保改革"蹄疾而步稳"，考验着各级政府的执政智慧和改革决心。不少地方在推行简政放权的过程中制定两份清单：一份"权力清单"针对政府自身，一份"负面清单"则面向企业投资者。放管并重意味着政府既要积极主动地放掉该放的权，又要认真负责地管好该管的事，以更有效的"管"促进更积极的"放"，使政府职能转变显现成效。然而东北老工业基地地方政府在此方面缺少地区首创精神，存在忽视需求导向、重数量轻质量、放权不彻底、放权不均衡等问题。

简政放权不应当是地方政府政策的单向输出，而是应当通过问政于民、聆听群众和企业的实际需要，制定简政放权便民利民的具体举措，使群众和企业真正从中获得实惠。自2013年实施改革以来，东北老工业基地简政放权一直主要依靠政府"端菜"，而忽视了群众与企业等各方存在的客观需求。2015年9月23日上午，在辽宁省举行十二届人大常委会第二十一次会议分组会议审议报告过程中，关于推进简政放权、转变政府职能落实情况，有常委会组成人员提出，在专题调研和检查中发现，企业和基层对于简政放权感受并不明显，简政放权的落实情况与服务对象的期望值还有差距。2016年5月，《辽宁日报》的一篇报道中写道，有企业家面对记者的采访说，"希望政府在'上菜'前后，能更多听听我们的心里话，问问可口不可口，满意不满意"。由此可见，东北老工业基地地方政府在简政放权的工作过程中问需于民的工作力度仍需加强，坚持需求导向、问题导向的原则不可松懈。

此外，东北老工业基地政府简政放权改革以数字论英雄的评价方式较为普遍，唯数字论的现象仍然严重，下放权力并不彻底。我们不能否认数字是衡量工作落实情况的指标之一，但绝不能将数字作为衡量简政放权工作实效的主要指标，否则可能带来行政机关简政放权只求数字上美观，实则放小不放大，放责不放权，明放暗不放，将"含金量"高的权力仍然死死攥在手里等问题的出现，致使简政放权流于形式而含金量较低。例如黑龙江十二届省委第三轮巡视组向省发改委反馈常规巡视情况显示"省发改委审批权限下放不彻底，服务对象'最后一公里'的获得感不强，权力运行'任性'，内部管理'灯下黑'"。虽然自党的十八大以来，辽宁省前后共进行6批简政放权，取消、下放、调整行政职权共1682项，与2011年相比减少3859项，精简比例达60%以上。但不可否认的是，仍有以数充质的情况混杂其中。例如：取消和下放的权力在较为偏僻专业领域集中出现，实则在经济发展总量中所占比重不大，无法有力释放市场与社会的发展活力。《辽宁日报》记者在一次采访中曾发现，在一家行政审批中心承接的10项下放项目中，由于专业性过强，7项一直无人办理。再如有一个地方部门，其下放的205项行政审批权中，有111项只是表面上的空放，并没有发挥任何实际效用。还有一些地方简政放权甚至拿"僵尸审批项目"滥竽充数，简下去、放下来的只为求数字上的好看，含金量却少之又少。

最后是放权不均衡问题。这种不均衡现象，从宏观角度看，主要体现在各领域放权的力度和深度上；从微观角度看，体现在各领域放权改革的数量差别上。受各个政府部门自身性质、特点等因素的影响，即使在充分放权的情况下，行政审批权的下放数量也参差不齐，现实反映在某些领域中会出现与民生热点紧密相关的放权改革力度反而不强，而某些迫切性较低的领域放权改革则比较充分。[①]例如，在辽宁省2016年省级行政职权调整

①高洪贵，孙崇庆.东北地区简政放权改革的进程、问题及路径——基于政府治理现代化视角[J].黑龙江社会科学，2019(1):43-48+160.

中取消和下放的356项省级职权中，普遍偏向于商业个体经济方面的改革。这种不均衡的放权，既不符合政府治理现代化分权化的初衷，也不符合科学化指导原则。

对标浙江省则发现，无论在开展简政放权改革的时间进程与前进步伐上，还是改革的落实质量与取得效果上，浙江省都体现出较大的先进性与优越性，值得东北老工业基地向之看齐。浙江是国内较早启动权力清单制度建设的省份之一，从2014年开始率先以"四张清单一张网"作为政府进行简政放权改革的总抓手，展开以清权、确权、制权为核心的权力革命。改革后，浙江省级部门共保留了行政权力4236项，其中富阳作为一个县级市保留的权力也有4000多项，保留下来的行政权力的数量规模并不小。横向上浙江与其他省份后来陆续公布的数量相比，总量也不算小。如2014年底安徽省公布的权力清单中，省级保留权力事项1712项，16个市级政府平均保留约2200项。在简政放权改革中，浙江注重把握好数量和质量的关系，不是简单地强调数量，而是坚持数量服从质量，尤其是对基层政府，既要看权力是否合法合规，又要看权力是否合时合需；既要看权力运行的内容，又要看权力运行的程序；既要看权力运行的结果，又要看权力运行的效率；既要看权力行使，又要看责任承担。[①]同时，浙江省将行政权力分为九类，按部门、类别全面清理权力，确保该减该放的权力坚决减到位、放到位；明确应该保留、必须要保留的权力，确保把该管的事管住管好。此外，浙江充分考虑地区的差异性，比如山区、平原、沿海的地方，政府的权力、政府权力的行使程度都会有所不同，经济发达的县（市）和欠发达的县（市）也会有所不同。因此，浙江简政放权改革首先考虑了地区的差异性，同层级、经济社会发展水

---

① 李强.推行权力清单制度 打造有限有为有效的法治政府和服务型政府[J].中国机构改革与管理，2014(9):6-8.

平相近的地方政府，权力数量大体相当，在"清权""减权""确权"等环节，注重把握标准，协调各地区和各行政系统，从而保障改革最终取得令市场和公民满意的成效。浙江用政府权力的"减法"，换取市场与社会活力的"加法"，纵向撬动政府自身改革，横向撬动经济社会各领域的改革，其实践为其他地区的改革发展发挥了示范作用。在2017年2月，针对行政审批项目杂、环节多、流程长等诸多于民办事不相和谐的现象，浙江省从切实解决群众和企业办事难这一问题入手，充分运用"互联网+政务服务"和大数据，以"数据跑"和"干部跑"代替"群众跑"，努力实现群众和企业到政府办事实现"最多跑一次"，这是浙江省新时期将简政放权改革继续推向深入的最好体现。浙江省在简政放权中所彰显的改革智慧，为东北老工业基地以简政放权为抓手推动地区振兴提供了宝贵的经验借鉴。

（2）政府监管随意性强

政府监管，又称政府规制，是指为实现公共政策目标，政府监管职能部门依据一定的法律法规，通过一系列措施对被监管者实施的管理与监督行为，主要涉及经济领域、社会领域和行政领域，覆盖事前、事中、事后监管的全过程。[①]政府监管是政府管理中的重要方面，是政府所承担的重要职能。能否实现政府部门规范监管、高效监管，对于培育良好的营商环境、激发市场主体的活力与生命意义重大。另外，从国际市场经济发展的经验教训来看，市场作用不断发挥的历史，也是政府监管不断创新和加强的过程。不论哪个国家在什么时候忽视或放松政府监管，都会发生始料不及的严重问题。所以，在深化简政放权改革中，必须高度重视实施政府的有效监管，特别要创新政府监管。

---

①陈奇星.强化事中事后监管:上海自贸试验区的探索与思考[J].中国行政管理，2015(6):25-28.

完善东北老工业基地地方政府的监管职能是深化行政体制改革的重要内容，也是实现东北老工业基地地方政府管理创新的重要组成部分。在全面推进行政管理体制改革的背景下，地方政府不仅要"放得开"，更要"管得住"。然而着眼于东北老工业基地地方政府监管现状，主观随意性较强的问题亟待引起重视，必须规范政府行政监督权力的行使。

如在2015年11月，辽宁省沈阳市浑南区便发生了35个雄洲早餐亭在一夜之间全部被清理关停事件，相关执法部门提供的说明是：雄洲早餐亭存在超时经营、私自更名等问题，执法部门曾做出限期停业整顿的决定，并发出整改通知书。但一些业主并未配合工作，依旧照常营业，故而沈阳市浑南区城市管理和行政执法局对雄洲早餐亭统一进行清理，截至2015年11月20日，沈阳市浑南区35个雄洲早餐亭均已清理完毕。其实自2011年雄州早餐作为民心早餐工程项目进入沈阳开始，便给沈阳市民带来很多便利，虽在经营的过程当中存在超时经营、超范围经营等问题，但是实属个别现象。政府相关部门将其全部清理取缔的行为，使其在履行监管职能中的主观随意性显露无疑，一刀切的做法过于盲目。在此方面，江、浙、沪地区则起到了表率示范效应。如上海市2016年积极推行"3+1"改革，将工商、质监、食药监三局合一，同时融入原属物价局的物价监督、检查职能，组成新的市场监督管理局，既响应简政放权改革精简机构，削减权力，同时又规范相关部门的政府监管行为，减少不同监管部门反复打扰市场主体的次数，并在日常执法外，抽出大量时间组织培训与学习，以增强执法人员履职的规范性与熟练性，通过此项创新改革在很大程度上避免了政府监管主观随意现象的发生。

（3）公共服务履职弱化

公共服务是指由政府部门、国有企事业单位和相关中介机构履行法定职责，根据公民、法人或者其他组织的要求，为其提供帮助或者办理有关事务的行为，包括加强城乡公共设施建设，发展教育、科技、文化、卫生、体育等公共事业，为社会公众参与社会经济、政治、文化活动等提供保障。公共服务可以根据其内容和形式分为基础公共服务、经济公共服务、公共安全服务、社会公共服务。公共服务在社会发展各方面始终发挥着重要作用，如公共服务有利于缓解我国当前面临的各种突出社会问题、有利于提高公共资源整体配置效率以及有利于提高政府管理能力和国际竞争力等。

所谓公共服务型政府，就是在全心全意为人民服务的理念指导下，适应我国经济社会发展的新形势和新要求，将公共服务职能放在更加重要的位置，并逐步使其成为政府的主要职能，以不断满足人民群众日益增长的公共需求的政府[①]，也是在公民本位、社会本位理念的指导下，在整个社会民主秩序的框架下，通过法定程序，按照公民意志建立起来的以为人民服务为宗旨并承担着服务责任的政府。建设公共服务型政府是当代政府管理的价值取向，是现代社会对政府运转机制提出的最基本要求，也是政府自身发展的内在需要。中国传统计划经济体制下形成的管制型政府，长期以来由于过于强调自身管治的政治职能，而弱化和忽视了社会服务职能，造成政府职能大量越位、缺位、错位。因此，政府要重新树立自己的威信，维护自己的合法性，就必须用公共管理的理念改造政府，就必须重新调整国家与社会、政府与市场、政府与企业、政府与公众的关系，创新政府内部组织、运作程序，变革政府治理观念、手段、方式和方法，而构建服务型政府将是政府实现自身革命的一个重要载体。党的十八大报告明确提出，"要按照建立中国特色行政体制目标，建设人民满意的服务型政府"，保证所提供公共服务的质量，优化提供公共服务的方式是当前政府履行公共服务职能的努力方向。党的十九届三中全会通过《中共中央关于深化党和国家机构改革的决定》和《深化党和国家机构改革方案》，旨在通过政府机构优化、职能转变、流程

---

① 陈奇星.上海政府职能转变与政府管理体制创新研究[M].上海：上海三联书店，2009:74.

再造、管理方式改进等措施优化政府职能配置，提高政府运行效率，增强政府治理能力，构建系统完备、科学规范、运行高效的党和国家机构职能体系，构建职责明确、依法行政的政府治理体系。党的十九届五中全会对推进国家治理体系和治理能力现代化提出明确要求，而优化政府治理、建设人民满意的服务型政府是推进国家治理体系和治理能力现代化的重要内容。东北老工业基地作为我国最先建立的重工业区，进入计划经济最早而退出最晚，如何把握并根据自身的特殊性，有效供给公共服务，增进社会的公共福祉，成为摆在东北老工业基地走向新一轮全面振兴道路上的重要课题。

在2018年的课题调研当中，在借鉴国内外地方政府顾客满意度指数模型的基础上，对沈阳市9个行政区行政服务大厅顾客满意度指数展开了实证研究。在保持所用模型不变的基础上，与学界于2006年所进行的沈阳市行政服务大厅顾客满意度指数研究调查结果形成时间上的纵向对比，深入剖析公民对沈阳市行政服务大厅的顾客满意程度。此次实证研究，以随机抽样的方式对在沈阳市9个区行政服务大厅办理过业务的公民进行调查，共发放调查问卷450份，回收有效问卷434份，有效问卷的回收率达96%。2006年，学者刘武和朱晓楠通过实证调查研究得出沈阳市行政审批大厅的顾客满意度指数为67.79[1]，而2018年通过数据分析后得出沈阳市行政服务大厅顾客满意度指数为60.25。与2006年相比，沈阳市行政服务大厅顾客满意度指数呈现下滑趋势。据调查数据显示，有97位被调查者认为沈阳市行政服务大厅的办事手续不够简单，约占被调查者总人数的22.35%；有95位被调查者认为，与理想的情况相比，沈阳市行政服务大厅当前的服务质量并不能使其满意，约占被调查者总人数的21.89%。此外，在剔除无效信息后，本次调研共收到约

---

①刘武，朱晓楠.地方政府行政服务大厅顾客满意度指数模型的实证研究[J].中国行政管理，2006(12):32-35.

30位被调查者的有效留言，其中关于提升行政效率、优化服务质量的留言占据较大比重（见表6）。本次实证调查的研究数据表明，当前东北老工业基地地方政府的政务服务履职效能较低，无法充分满足行政相对人的需求，政府管理创新工作开展得不够全面深入，成效有待提升。

表6 调查问卷统计结果

调查题项	占比
优化服务态度	20%
完善业务办理说明	17%
提高行政效率	13%
增设服务窗口	9%
完善办公场所硬件建设	8%
完善办公设施	8%
提高智能化水平	8%
更加明确分工	4%
增设流动咨询人员	4%
延长办公时间	4%
其他	5%

公共交通作为基础的公共服务领域，具有明显的公共服务特征，有突出的非排他性、批量性、线路固定性和定时性等特点。公共交通的发展程度直接反映了城市的出行条件和城市交通的整体发展水平。早在2007年，我国学者便结合公共管理学、社会学、心理学和统计学的方法，尝试建立了公共交通乘客满意度指数模型，对辽宁省沈阳市公共交通服务乘客满意度指数进行了测量，并通过计算得出乘客对沈阳市公共交通服务的总体满意度指数为70.39。[1]时隔十一年之后，本调研运用相同的公共交通乘客满意度指数模型，借助问卷星平台，对沈阳市公共交通服务乘客满意度再次开展了问卷调查，以期能够与十一年前的测量结果形成时间上的纵向对比，揭示服务感

---

[1]刘武，李文子.城市公交服务乘客满意度指数模型[J].城市交通，2007(6):65-69.

知等因素与乘客满意度的因果联系，力求准确测量沈阳市公共交通服务乘客满意度现状，为寻找改进城市公共交通服务的有效途径提供可靠支持。本次调查研究共回收有效问卷644份，其数量能够保证调查结果的科学性与有效性。调查结果表明，有14.44%的被调查者对沈阳市公交车的服务质量持不太高甚至不高的看法；有超过20%的被调查者对沈阳市公交站点的基本设施如候车座椅、垃圾箱等持不太满意的态度，更有4.66%的被调查者对此持非常满意的看法，突显出沈阳市政府在提供公共交通服务方面所存在的具体问题；更有高达58.07%的被调查者认为当前沈阳市公交车所提供的服务与理想预期相差较大。通过计算得出，2018年乘客对沈阳市公共交通服务的总体满意度指数为64.65，与十一年前的测量结果相比，沈阳市公共交通服务乘客满意度指数有所下降。我们不能排除伴随经济发展和人民生活水平的提高，市民对于公共交通服务质量的期待与要求有所提高，但也必须正视公民对城市公共交通服务满意度指数下降的事实。此结果在一定程度上表明东北老工业基地地方政府在公共服务方面履职的弱化。城市公交作为最基本的公共服务，在对其的调查中可以折射出地方政府对待公共服务的态度与履行公共服务职能的基本情况。无论是就此次调研所得出的结论也好，还是2016年7月沈阳市在举办2018年俄罗斯世界杯预选赛亚洲赛区12强赛时，没有安排地铁延时运营服务，没有做好球迷疏散工作，出现出租车司机漫天要价等情况，均在深层次反映出东北老工业基地地方政府对于政府所承担的公共服务职能的不重视，提供公共服务职能履行的缺位、不到位。

此外，东北老工业基地地方政府在提供公共文化服务方面也存在履职弱化问题。公共文化是满足公众共同"心时代"需求的文化形态，承担着塑造公众道德观、价值观、社会成员荣辱观及培育公众品质等重要使命。为进一步保证城乡居民公共文化服务公平性，国家在"十二五"规划强调提升公共文化服务供给力度的基础上，"十三五"规划着力推进基本公共文化服务标准化和均等化。2015年颁布的《关于加快构建现代公共文化服务体系的意见》提出政府主导、社会参与、共享共建的公共文化服务供给原则，构建全面覆盖城乡的互联互通式公共文化服务体系。2019年颁布的《加大力度推动社会领域公共服务补短板强弱项提质量促进形成强大国内市场的行动方案》再次强调推进公共文化服务均等化，到2020年基本实现基本公共服务能力全覆盖、质量全达标、标准全落实、保障应担尽担的目标。在地方政府层面，各级政府及其文化部门，积极贯彻落实各项政策，服务取得显著成效。以辽宁为例，2018年省财政共筹集资金6.1亿元，完善公共文化服务体系建设，深入实施文化惠民工程，综合文化站、群众艺术馆等增长迅速，基层群众获得感不断增强。但不容乐观的是，目前辽宁省公共文化享受综合指数总得分和人均得分都未能位居全国前列。熊文靓等人通过问卷调查，分析了辽宁省公众对公共文化服务的期望与感知绩效，发现在新型的公共文化服务宣传和提供方面，政府投入力度还有待加强；政府提供的公共文化服务与公众期望需求错位，各服务层面均有较大提升空间。①

对标上海市和江苏省，东北老工业基地地方政府公共服务履职差距愈加明显。如在2018年3月，上海市市委、市政府印发《全面推进"一网通办"加快建设智慧政府工作方案》，全面推进线上线下政务服务的流程再造、数据共享、业务协同，从而形成一网受理、协同办理、综合管理为一体的政务服务体系，实现政务服务减环节、减证明、减时间、减跑动次数，从"找部门"到"找政府"的根本转变，以提升群众和企业获得感。上海市部分地区进一步创新了服务举措，如静安区以企业办事需求为出发点，推出智能引导系统，通过梳理企业办事各种形态、场景、情形，以情景引导方式，帮助企

---

① 熊文靓，王素芳.公共文化服务的公众获得感测度与提升研究——以辽宁为例[J].图书馆论坛，2020，(2):45-55.

业在网上完成许可证申请材料的填写，并对办事流程重新梳理简化，推动多部门协同并审。杨浦区推出了"政银通"服务，企业通过设在银行的服务点也可以办理企业开业登记、企业年报公示、合规证明开具等市场监管服务，不需要再前往行政服务中心办理，缩短了办事路程和等候时间。黄浦区则开展了一企一档、材料免交、电子亮证、证照查验等电子证照应用，并建设政务"知识库"，使政务服务"更智慧"。上海市市政府办公厅电子政务办表示，政府部门要做好服务企业、群众的"店小二"，对于取得较好实际效果的创新做法，将在进一步标准化、规范化后，在全市复制推广。

江苏省扬中市的创新农村公共服务"八位一体"运行维护机制则为全国农村公共服务提供了一个典型案例。自2013年底被确定为江苏省农村公共服务运行维护机制建设示范试点单位以来，扬中市锁定农村公共服务运行中常见的"无人干事""无钱办事""管不好事"等难题，一手抓农村基础设施完善，一手抓村级公共服务提升，探索建立集农村垃圾收运、河道保洁、绿化管护、道路管养、生活污水处理设施运行、村容村貌"三乱"整治、村级综合服务中心维护、文体活动设施管护"八位一体"的运行维护机制，实现了乡村环境的常态化治理、长效化管控，使当地村容村貌得到大幅提升，也为创新乡村治理提供了有益探索。2014年，扬中市委办公室和市政府办公室联合出台《关于建立农村公共服务"八位一体"运行维护机制的实施意见》，在所有行政村（含涉农社区）全面建立了村级公共服务"八位一体"运行维护机制，市财政投入1000多万元，专门用于村级"八位一体"运行维护工作的补贴，提升了公共服务运行维护的质量和水平。此后在2015年、2017年、2019年，又出台补充意见、完善通知，对农村公共服务"八位一体"运维机制进行持续优化，实现镇村和部门职责的细化和分解，形成"村主抓、镇参与、市考核"的工作格局。按照明确政府、村（社区）和市场主体之间的权责分工，不断将一些福利性、经营性服务剥离出来，交由政府购买服务实现，从而减轻政府负担，提升服务的质量和效率，也为企业、社会组织发展提供空间和支持。扬中市还对"八位一体"运维状况建立起长期、多维度、多方参与的考评办法，倒逼各项工作落到实处。如扬中市在《扬中快报》定期通报考评结果，增强基层责任意识。结合江苏省相关工作要求，并根据自身村级公共服务运行维护标准化试点成果，扬中市对考核办法进行持续修订，更加贴近工作实际。比如，在2017年的"八位一体"考核内容中，农村生活污水处理还没有正式列入考核项目，而农村生活污水治理是农村人居环境整治的一项重点任务。2019年扬中市根据农村人居环境整治、"三清一改"村庄清洁行动要求，对考核内容进行优化调整，增加了污水治理考核项目，将相关标准及时吸纳充实进"八位一体"运行维护内容，推进上级要求与扬中实际相对接，提升"八位一体"的规范性、全面性。"八位一体"考核项目分为垃圾收运、污水治理、村容村貌、村级党群综合服务中心维护和文体活动设施管护等大类，每个大类里还细分为多个小项，并明确了由城管局、住建局、水利局、农业农村局等作为考核单位，引导各部门之间形成工作合力。

综上，上海市、江苏省地方政府在行政职能履行的过程中，更加侧重公共服务职能的履行，更加重视所提供公共服务的质量与水平，彰显出了现代服务型政府的先进之处。与之相比，东北老工业基地地方政府公共服务履职能力与履职水平均相对较低。因此，亟须通过政府管理创新提升东北老工业基地地方政府公共服务职能履行的能力与水平，切实向建设服务型政府快速转变。

2. 行政方式因循守旧

所谓行政方式是指公共行政主体(行政主体非传统意思)为达成特定治理目标而行使职权、履行职责的活动及其过程的总称，这是一个以"治理目标"为导向的开放性概念，它内在地包括"行政行为和非行政行为"双核。①行政方式是行政机关为实现其管理职能而采取的各种手段、方法的总称，行政方式作为实现政府职能的手段，不仅是政府作用和能力的体现，也是政府与社会公众之间互动过程的体现，它是连接政府与公民、政府与社会、政府与市场之间的一座能量交换的桥梁；它是在一定的历史阶段，适应当时政治、经济、文化和社会生活的需要而逐步形成的，并处于不断地发展变化之中。当今时代的全球化、信息化、市场化和民主化浪潮，使各国公共行政的社会背景产生了深刻的变化，一系列新情况、新要求给政府职能和行政权力的运行方式带来了巨大的挑战，促使政府必须顺应时代潮流，深化改革，转变职能，创新行政管理方式，推动政府管理进入法治化的轨道，彰显以人为本的精神内核，实现建设法治政府与公共服务型政府的目标，这已成为行政体制改革的一个基本命题与价值追求。②

国家行政管理承担着按照党和国家决策部署推动经济社会发展、管理社会事务、服务人民群众的重大职责。党的十九届四中全会《决定》对"坚持和完善中国特色社会主义行政体制，构建职责明确、依法行政的政府治理体系"作出专门部署，强调必须坚持一切行政机关为人民服务、对人民负责、受人民监督，创新行政方式，提高行政效能，建设人民满意的服务型政府。因此，基于新一轮东北老工业基地全面振兴的发展需要，改进政府部门的工作方式，从而更好地服务于东北老工业基地振兴，促投资稳增长，调产业转体制，实现地区发展企稳向好，是东北老工业基地政府管理创新的重要内容，然而当前东北老工业基地地方政府行政方式因循守旧的问题突出，存在人治色彩浓厚、技术应用落后等诸多困境。

---

① 江国华.从行政行为到行政方式:中国行政法学立论中心的挪移[J].当代法学，2015(4):3-12.

② 石佑启.论法治视野下行政管理方式的创新[J].广东社会科学，2009(6):171-179.

（1）人治色彩浓厚

人治是相对于法治的一个概念，是指个人或少数人由于历史原因掌握了社会公共权力，以军事、经济、政治、法律、文化、伦理等物质的与精神的手段，对占社会绝大多数的其他成员进行等级统治的社会体制。规范的政府行政行为对于促进政府、市场和社会间的良性互动，推动经济、政治、社会、文化和生态"五位一体"化发展具有基础性意义，这一点对于经历过漫长计划体制的全控式管理的东北老工业基地尤为重要。目前东北老工业基地政府管理的人治色彩尚未完全褪去。2016年，国务院督查组赴黑龙江展开专项督察，一些受访的民间企业家反应，当地招商引资时企业被奉为座上宾，但在项目投产后，地方政府承诺的条件不兑现的情况比较普遍，"新官不理旧账"问题较突出，企业将之形象地描述为"JQK"："先勾我们进来，圈块地给我们，然后再剋我们"①。"JQK"是一个新名词，站在企业的角度而言，从切身体会到形象地总结成打扑克的术语，却并非如创造一个新名词的过程一样舒心惬意。"JQK"现象在本质上暴露出东北老工业基地基层政府失信、服务质量差、政策因人而异等诸多问题。中国社科院政治学研究所于2018年1月24日在北京发布的《政府绩效评估蓝皮书：中国地方政府绩效评估报告No.1》指出，在依法行政绩效上，东北地区的地市级政府中有60%排在全国中下游，这些都是东北老工业基地政府行政人治色彩浓厚、不符合依法行政精神与要求最直接的体现。

与东北老工业基地形成鲜明对比，我国东部地区地方政府严格落实依法行政要求，创新行政方式，努力为地方打造最优的发展环境，追求政府、企业与社会共赢的局面，在国家全面深化改革中彰显出强烈的发展竞争优势。

---

① 王传涛.新华网评：地方政府打"JQK"是一手臭牌[EB/OL].http://news.xinhuanet.com/comments/2016-05-31/c_1118958642.htm，2016-05-31.

如2017年7月，上海市依法治市办、市政府法制办联合发布上海市首届十大依法行政示范项目，此次获评的十大依法行政示范项目是从上海市近100个申报项目中层层遴选出来的，聚焦市委、市政府关心的重点工作，体现的是行政执法部门善用法治思维和法治方式推进中心工作的实践智慧，关注的都是人民群众反应最强烈、需求最迫切的民生热点。江苏省省委全面依法治省委员会办公室在2019年印发《关于建立依法行政工作动态监控互动反馈机制的实施方案》，在全国率先探索建立依法行政工作动态监控互动反馈机制，并逐步形成覆盖全省的依法行政工作动态监控网络，通过监控数据提供、案卷调阅、情况函询、专项督察、分析研判、互动反馈、跟踪问效等方式，分析研判行政机关违反依法行政的典型问题，为完善立法制规、执法、司法、守法普法工作提供支持，推进法治江苏建设走在全国前列。

近年来，东北一些地市领导到南京、杭州等市的高新区考察交流，学习经验，他们发现在这些城市创业的"海归"博士中，东北人特别多。有领导惊讶地问道："这些政策咱们也有啊，为什么不回来发展？"一问才得知，虽然优惠政策在东北老工业基地都不缺，但真想申请，在东北就得找路子托关系，大费周章。行政方式的有失规范为经济发展的软环境带来了负面影响。在市场经济体系构建的过程中，如果行政权力的行使存在着非规范化的问题，那么就不可能建立起完善的市场经济体制。即便是建立了，但是政府以人治为主导，干预扭曲市场的价格机制和竞争机制，侵蚀和损害市场主体的利益，也会使整个社会的创新机制缺乏，丧失发展的动力、活力与创造力。

在计划经济时代，企业的生产、物资的调拨、生产生活资料的分配等均由政府进行安排，政府的力量过于强大，而市场和社会力量被行政权力笼罩和挤压，东北老工业基地形成了政资不分、政社不分的高度集中的体制，且退出时间最晚。正是基于这种情况，使得"人治"的管理理念和管理方式盛行，依法行政也就难以保障。在我国经济进入新常态，社会主义市场经济不断走向发展与完善的大背景下，东北老工业基地地方政府必须清楚地认识到，要适应新的发展形势，使市场在资源配置中发挥决定作用，就必须将政府的行政权力限定在一定的范围之内，只有使政府服从法律的管束，才能满足东北老工业基地新一轮振兴对政府依法行政的内在需求，才能更好地使行政权力的行使服务于地区经济社会的发展。

（2）技术应用落后

当前，随着信息技术的飞速发展，网络已经延伸到社会的每一个角落，信息社会使政府管理面临着新的机遇和挑战。为了适应信息社会的需要，世界各国都在积极倡导发展包括电子政府、电子商务、远程教育、远程医疗和电子娱乐五个应用领域的"信息高速公路"。在"信息高速公路"计划中，电子政府被列在第一位。也就是说，政府信息化是社会信息化的基础，推进政府信息化，推进政府的办公自动化、网络化、电子化和全面信息共享已是全球大势所趋。联合国经济社会事务部专门把推进发展中国家政府信息化作为其重要的工作之一，希望通过信息技术的应用来改进政府管理，提高政府效率，重塑政府形象，最终实现办公自动化和信息资源全社会共享，使政府能够提供更广泛、更便捷的信息和服务。信息时代的互联网对于政府管理来说，不仅是提升政府管理能力的一条技术路径，也意味着给政府管理从行政理念、行政职能、行政体制、行政手段和行政能力方面带来重大的创新。信息技术在政府管理方面的应用，将推动政府从行政主导型政府向以人为本的服务型政府转变，从单兵作战管理向协作共享型管理转型，提升信息传播的速度，拓宽民意表达的渠道，为政府管理提供更为直观便捷的网络平台。

对标江苏、浙江、上海等地，东北老工业基地辽宁、吉林、黑龙江三省信息技术在政府管理方面的应用仍旧存在较大的提升空间。一是东北老工业基地三省政府部门的相关网站建设滞后，网站服务能力较低。与江、浙、沪各省市的政府官方门户网站相比，黑、吉、辽三省门户网站的运行速度较慢；页面设计的简洁直观程度有待提升；模块设计不如江、浙、沪地区合理化、人性化；所呈现的信息不如江、浙、沪地区简明易懂，这些方面存在的不足直接导致社会公众进入网站后的用户体验较差，不能良好满足公民或企业进行信息查询、网上互动、业务办理等需求。网上政务平台建设是"互联网+政务服务"行动的直观表现，作为联系中央政府与市县政府门户网站的枢纽型政务服务平台，省级政府门户网站的政务服务能力水平在某种程度上决定着全国范围"互联网+政务服务"的顺利实施。2018年1月，《国务院办公厅关于做好政府网站年度报表发布工作的通知》发布之后，全国2万多家政府门户网站展开"自检"，填写和公示了"政府网站监管年度报表"和"政府网站工作年度报表"，由报表可知，江、浙、沪各省市政府门户网站留言办结率均为0.99，而黑龙江和吉林两省仅为0.4和0.08，由此凸显东北老工业基地政府门户网站政府服务能力水平的欠缺。

　　二是东北老工业基地三省政府对于互联网信息技术在政府管理方面功能开发不足，尚未将先进的技术灵活地运用到政府管理的各个领域，使信息技术更好地为政府管理服务。在东北老工业基地，互联网技术的应用仍旧停留在为政府部门进行网络宣传、实施政民网络互动、政府信息线上公开、基本业务网上办理等初级阶段，尚未发挥互联网及大数据的真正优势，提高政府管理的效率与便捷度。在浙江不仅省、市各层级各系统政府网站建设功能全面应用性强，还率先运用"互联网+政务"的概念，聚焦服务，依靠省、市、县通力协作，建立浙江政务服务网，将其切实做成一个为企业、为公众服务的大平台。依托这张网，浙江省持续推进权力事项集中进驻、网上服务集中提供、政务信息集中公开及数据资源集中共享，通过一体化的网络平台，积累海量的数据资源，一举破除长期以来的"信息孤岛"，为推进政府管理创新，实现政府治理现代化提供强大的支撑。同时浙江政务服务网还开设了"2+3"板块，即个人办事、法人办事两个主题板块，行政审批、便民服务和阳光政务三个专项板块，对政务服务资源进行全口径汇聚，并按主题、按部门分别予以展现，体现了对服务维度更加侧重。目前，虽然东北三省也先后建立政务服务网，但其板块分区和功能侧重仍需下大功夫向浙江省学习看齐。据了解，浙江还在建设全省统一的行政权力运行系统，根据网上办理的便捷化程度，对服务事项进行星级评定。浙江省质监局便因所有行政许可事项全部实现办理"零登门"而获得五星级评定。此外，浙江省还率先建立了人口基础信息资源库和共享交换平台，这一举措较好地解决了各部门人口管理和发展统计口径不一致的问题，有效地堵塞管理漏洞，打破信息孤岛，减少信息重复采集，降低管理成本，提高政府的行政效率与管理创新能力，为东北老工业基地加强科技在政府管理方面的应用，开拓了思路，提供了经验借鉴。

3. 管理机制运行不畅

管理机制是指管理系统的结构及其运行机理，管理机制本质上是管理系统的内在联系、功能及运行原理，是决定管理功效的核心问题。政府管理机制是通过政府的管理行为对社会经济进行调节的方式和过程。建立运行一套行之有效的适合中国实际的政府管理机制，对于确保政府管理职能的发挥、行政管理体系的建立乃至整个国家经济、社会和文化的全面、协调、可持续发展都具有十分重要的意义。政府管理机制其本质上所体现的是政府管理系统的内在联系、功能及运行原理，倘若管理系统各要素间无法紧密咬合形成合力，则管理机制无法进入顺畅运行的正确轨道，将成为政府管理创新所要解决的核心问题。目前东北老工业基地政府管理机制主要存在以下问题：机构改革尚未彻底、职能部门缺乏协同、系统运行有待整合。

（1）机构改革尚未彻底

行政机构是行政职能运行的载体，政府职能目标的转变需要行政机构的改革去实现新职能的要求，互联网技术的变化需要行政机构的创新去释放新技术的潜力等。行政机构改革是指行政组织根据其外部环境的变化，及时地改革自己的内在结构，以适应客观发展的需要，是一种破旧立新的活动，即破除旧的组织结构和运营秩序，建立新的组织结构和运营秩序。行政机构改革的不彻底、不跟进，将导致行政职能履行的缺位、错位和不到位，还将带来人浮于事、行政效率不高、不公平竞争等问题。

在我国，几十年来的计划经济体制造就了一个臃肿庞大的政府机构体系。当我们推进市场经济体制改革，这个臃肿庞大的政府机构体系便成为沉重的负担，使得改革和发展举步维艰。政府机构臃肿使政府行政成本居高不下，为地方财政带来较大压力。东北老工业基地受计划经济体制影响时间最长，地方行政人员官本位意识浓厚，青年人就业追求行政事业单位编制，行政机构臃肿，体系庞大在所难免。不仅如此，行政机构中"吃空饷"问题亦不容忽视。就辽宁省政府主办的民心网统计数据显示，2014年全年民心网受理"吃空饷"问题185起；2015年上半年辽宁省各级政府部门、纪检监察机关依托民心网诉求办理渠道查处机关事业单位"吃空饷"问题40余起，其中给予党纪、政纪处分17人，开除公职、免职10人。2018年10月15日，吉林省委召开常委会议，讨论《〈吉林省机构改革方案〉的实施意见（讨论稿）》和《深化市县机构改革推进会方案（讨论稿）》，谈及为何要深化机构改革，吉林省原省长韩长赋说："我省同全国一样，行政管理体制与经济社会发展还存在不相适应的方面。主要是政府职能转变不到位，仍然管了一些不该管、管不了、管不好的事情；政府全面履行职能还不到位，社会管理和公共服务职能相对薄弱；政府机构设置不尽合理，存在过多过细、职能交叉、权责不清、机构臃肿、行政成本过高等问题。"可见吉林省行政机构改革工作仍需努力落实。进行行政机构改革，精简行政体系，清理行政机构内部人员冗杂、人浮于事的问题是一场"刀刃向内"的自我改革，必须要克服眼前利益、部门利益和局部利益的困扰，从地区未来的长远发展出发，从讲政治、顾大局的高度落实。

对比江、浙、沪地区，如江苏省在行政职能事业单位改革方面，成为全国的排头兵。2017年9月，江苏省政府召开省级承担行政职能事业单位改革工作动员部署会议，明确强调要认真学习领会中央和省委、省政府文件精神，全面理清职能，切实理清政府与事业单位边界，努力做到精简、统一、效能，并要严控机构编制，严把机构编制总量关，在"减"字上做好文章，在盘活存量上想办法，确保改革积极稳妥推进。

政府职能是一个不断变化的概念，其内涵决定于社会的发展、政治体系价值的定位和人们的价值观念。行政机构作为政府履行职能的载体，必须具备必要的适应性。党的第十九次全国代表大会公报中提出，要"深化机构和行政体制改革。统筹考虑各类机构设置，科学配置党政部门及内设机构权力、明确职责。统筹使用各类编制资源，形成科学合理的管理体制，完善国家机构组织法。转变政府职能，深化简政放权，创新监管方式，增强政府公信力和执行力，建设人民满意的服务型政府。赋予省级及以下政府更多自主权。在省、市、县对职能相近的党政机关探索合并设立或合署办公。深化事业单位改革，强化公益属性，推进政事分开、事企分开、管办分离"。明确政府职能，并依职能变化适时调整行政机构设置，是行政机构改革应当遵循的基本逻辑，也是当下东北老工业基地提升政府治理能力，引领地区走向振兴的必行之事。

（2）职能部门缺乏协同

职能部门是指组织中对下属单位具有计划、组织、指挥权力的部门，政府各职能部门协同合作有助于政府管理与服务的进一步开展。全面深化改革、扩大开放是振兴东北老工业基地的治本之策。坚持不懈改善营商环境必须加大东北老工业基地地方政府部门的职能改革，让政府这只手依法归位到为市场经济发展提供优质服务上来，通过职能部门的通力协作，建设职能科学、廉洁高效、人民满意的服务型政府，为东北老工业基地的全面振兴打开快速通道。自国家大力推进"放管服"改革以来，东北老工业基地一直将简政放权、放管结合、优化服务作为推动地方政府职能转变的有力抓手，积极落实。然而，在"放管服"改革推进过程中，东北老工业基地地方政府职能部门缺乏必要的协同性。以"三证合一"登记制度改革为例，贯彻执行"三证合一"登记制度是将分别由工商行政管理部门核发的工商营业执照、组织机构代码管理部门核发的组织机构代码证、税务部门核发的税务登记证，改为一次申请、合并核发一个营业执照。此项改革的初衷在于增强各职能部门的协同性，为企业和公民松绑，但现实中改革效果不尽如人意。在调研中，有企业法人留言强调道："进行工商变更后，企业还必须到国税、地税进行变更登记，如此一来'三证合一'无意义。"在2018年发布的《辽宁省人民政府办公厅关于进一步优化全省投资审批服务的指导意见》中也指出"投资审批服务领域仍然存在办事流程繁琐、前置审批手续繁杂、中介服务行为不规范、收费不合理等问题"，各职能部门缺乏协同导致的问题不容小觑，因此，各职能部门唯有增强履职的协同性，积极推进协同治理，方能为东北老工业基地政府创新排忧解绊。

对标江苏省，在2017年，为推进税收系统的协同共治，江苏省下发《关于江苏省税收协同共治工作的意见》（以下称《意见》），要求建立政府主导的跨部门合作机制，完善办税服务进驻职能，推进办税服务事项全部进驻政务服务中心，并健全涉税（费）信息共享机制，进一步推进政府部门之间的信息互联互通，强化信息共享平台建设，扎实推进涉税（费）事项的联动监管。有关部门和单位需按时通过信息共享平台将相关公共资源交易信息和政务信息资源传递给同级税务机关。同时,《意见》还提出推进社保费协作共治,建立以政府为主导,地税、人力资源社会保障、财政、人民法院、人民银行等相关职能部门各司职责、密切配合的协同合作机制,在制度建设、征缴管理、信息共享、平台建设、行政执法、缴费服务等方面加强协作,合力推动江苏省社保费征缴管理和服务质量的提升。《意见》明确提出,要加强组织领导,狠抓任务落实,严格目标考核,建立江苏省税收共治协调机制,组织、指导和督促有关部门和单位做好税收协同共治工作,最大限度形成改革合力,确保江苏税收协同共治工作走在全国前列。

东北老工业基地地方政府职能部门间的协同性对于地方政府职能转变与地方治理水平的提升具有重要的影响,对标江苏省,东北老工业基地应当正确面对差距,在创新中求变革,在变革中图进步,以促进政府职能部门的协同治理,推动政府管理创新,增强地方政府在东北老工业基地全面振兴中的引领能力。

(3)系统运行有待整合

管理机制具有可调性与系统性的特征,具有能够保证其功能实现的结构与作用系统。而系统正是由相互联系、相互作用的若干要素构成的并具备一定特定功能的统一整体,其必须保持有机的秩序且向同一目的运行。系统整合的意义便在于维护系统良好的运行秩序,统一其运行目的,注重使整体达到最优,追求使整体所产生的作用大于每个要素之和。进行行政系统整合,将有利于畅通政府管理机制,使行政部门的运转更加高效、便捷,对于提升现代政府的治理能力与治理水平具有重要的促进作用。以我国行政服务中心为例,其运行模式基本上是多部门进驻一个中心办公,网络结构既独立又有交叉,中心的行政审批管理系统与部门的业务审批系统共存,从而形成了部门审批系统的独立性与审批系统的整合性之间的矛盾。行政服务中心的建设以服务型政府理念为指导,以审批服务优化为依托,通过政府组织重组,职能整合，流程再造，多部门进驻同一场所集中办公，以窗口的形式开展行政服务，为公民、法人或组织提供一体化的服务。从行政服务中心审批管理系统而言，其本身并无有价值的业务信息资源，然而各审批部门在审批行为中，越来越强烈地意识到部门间信息资源整合的必要性与紧迫性。行政服务中心的信息化建设进程中存在的矛盾主要有以下几个方面：一是行政服务中心审批管理系统的主动性与部门操作的被动性之间的矛盾；二是审批部门业务系统的独立性与行政服务中心审批管理系统的整合性之间的矛盾；三是信息资源的分散性与信息资源的综合性之间的矛盾；四是各级行政服务中心的独立性与业务信息资源关联性之间的关系。

东北老工业基地省、市、县各层级行政服务中心同样面临着由以上矛盾所带来的问题，在本次关于沈阳市政务大厅公共服务满意度问卷调查的实施过程中，公民普遍反映无论是横向上工商、地税、国税等各部门之间，还是纵向上省、市、县各层级之间，均应该加强系统运行整合，提升信息资源整合的力度与速度，让企业与公民省时省力更省心。此外，辽宁省覆盖全省、标准统一、上下联动的政务服务网上咨询投诉体系尚需健全，涉及跨地区、跨部门、跨层级的事项办理流程较为繁琐，各级政务服务平台、省政府部门业务办理系统数据共享不够畅通等，可见辽宁省各级政府及政府内部系统尚缺乏整合。

对标江苏省和浙江省，2015年9月，江苏省政府办公厅印发《关于开展综合行政执法体制改革试点工作指导意见的通知》，指导政府部门整合相同相近的执法职能和资源，归并执法队伍，减少执法层次。通过行政执法系统整合，合理划分不同层级部门的行政执法职责权限与执法力量配置，减少执法层次，实现执法重心的下移。2020年，浙江省人民政府办公厅印发浙江省政务服务2.0建设工作方案，提出了业务审批系统改造的主要任务。按照"谁建设、谁负责"的原则，推动业务审批系统改造，完成与统一收件出件系统对接，实现收件信息准确分发、办件结果实时回传。积极优化业务审批流程，推出一批与群众企业密切相关的高频政务服务事项，实现申请零材料、填报零字段、审批零人工、领证零上门、存档零纸件的智能"秒办"。按照全省统一、集约共建的原则，加快推动市、县两级业务审批系统整合工作，原则上优先整合归并至省统建系统，无省统建系统的整合归并至市统建系统。

整合行政系统运行，畅通政府管理机制，提升政府部门行政效率，将有利于东北老工业基地地方政府进一步转职能提效能，向现代服务型政府转变，服务于地区新一轮发展振兴的需要。

4. 管理流程设定不科学

政府管理流程是指政府在实施管理时，为达成特定目标所经历的体现工作规律的稳定的活动步骤的集合。政府的施政过程包含着完整的管理流程，环环相扣，共同作用于政府管理目标的实现。在建设现代服务型政府的发展要求下，政府管理流程的设定应当以"社会公众需求"为导向，追求合法、合理、高效、公平、优质、便利等价值目标，政府管理流程优化的目标在于提高管理效能、节约管理成本和促进社会善治。本研究将从民主参与、权责划分及监督检查三方面入手，对比剖析东北老工业基地政府管理流程设定的现状。

（1）公众参与不充分

自2000年起，中共中央编译局、中共中央党校和北京大学中国政府创新研究中心联合举办了三届"中国地方政府创新奖"，从90项入围项目中分析得出这样的共识：地方政府改革创新其中大部分创新实践在于民主政治和公民参与两个方面。①民主参与是政府管理流程中所应包括的重要组织部分，是地方政府管理创新的重要内容和影响因素。在政府管理中，以适当的形式纳入民主参与，不仅有利于人民表达利益诉求、监督政府履行职责，也有利于政府进行正确决策。

自2007年开始，浙江省杭州市创新政府决策模式，推行"让民意领跑政府"的开放式决策模式，政府就社会公共服务和管理决策事项，从草案的提出、方案的讨论、决策会议的举行、决策实施和反馈等全过程向市民和媒体开放，并依法组织公众有序参与决策。这种融入于决策前、决策中、决策后的民主参与，不仅推动了杭州市的政府管理创新，还使杭州市的社会建设处于领先地位，为社会政治发展增添了更多活力。为深化拓展公众参与和政民互动，充分听取公众意见，进一步提升政务公开质量，《杭州市政务公开公众参与工作制度》于2020年出台，提出要完善公众参与渠道，各地各部门要积极探索公众参与新模式，积极利用"中国杭州"政府门户网站、浙江政务服务网杭州平台的政民互动功能，做好民意征集、网民留言办理等工作，接受公众建言献策和情况反映；切实发挥人大代表、政协委员、民主党派、人民团体、社会公众、新闻媒体的监督作用，积极运用第三方评估等方式，做好对政策措施执行情况的评估和监督工作；各地各部门要积极利用新媒体搭建公众参与新平台，加强政府热线、广播电视问政、领导信箱、政府开放日等平台建设，提高政府公共政策制定、公共管理、公共服务的响应速度，增进公众对政府工作的认同和支持。上海市亦积极建立市民中心，就政府重大决策、重大事项征询社会组织和社会公众的意见，增强政府在管理过程中与公民和社会组织的互动与交流。如上海市长宁区虹桥街道古北市民中心作

---

① 李永久.我国地方政府创新的发展——制度空间与路径选择[J].党政干部学刊，2011(3):24-26.

为服务国际化社区的市民中心，这里成为集事务受理、生活服务、文化交流、社区共治等服务功能为一体的市民之家。2015年7月底，全国人大常委会法工委正式批复虹桥街道为基层立法联系点，让普通百姓实实在在地参与到国家立法之中，这里是全国首批4个基层立法联系点之一，也是唯一设在城市街道一级的联系点。古北市民中心正是全国人大常委会法工委基层立法联系点、上海市人大常委会基层立法联系点所在地，2015年以来，来自基层的意见建议从这里"直通"全国立法机构。虹桥街道党工委书记胡煜昂在法条展示墙前介绍，截至2020年10月，全国人大立法联系点已就43部法律开展意见征询，上报建议770余条，其中有41条被采纳，而在2019年11月，还是29部法律、25条采纳条目。此外，上海市人大常委会立法联系点已就14部法规听取意见，上报建议108条，其中有3条被采纳，比之前增加了4部法规和20条上报建议。短短一年间，无论是上报意见数量还是被采纳建议数量都有了较大增长。杭州与上海今日发展成果的取得，离不开民主社会政治氛围的积极营造，以及在政府管理过程中对公众进行民主参与的开放与吸纳。

与上海、杭州等地相比，东北老工业基地地方政府在组织公民进行有序民主政治参与方面有待加强，在政府管理的各个流程中公众参与常处于缺位、乏力的状态。在行政民主化浪潮的推动下，东北老工业基地各地市政府虽也采取了政务信息公开、听证会等增强公民参与政府管理的举措，但上述举措更多地停留在示范和形式层面，尚未在东北老工业基地制度化运行。例如，目前吉林省政府正在积极构建新型公众参与模式，但在实际运行过程中仍存在公众参与渠道狭窄、平台单一、缺乏公开以及透明度、公众参与保障制度缺乏等诸多困境。此外，在实际操作中，公民是否能够充分参与政府管理还取决于政府官员的主观意志。东北老工业基地的政府管理浓厚的人治色彩尚存，且开放政府、透明政府理念尚未得到全部认可与贯彻，这进一步使公众参与政府管理难上加难。例如，吉林省新型公众参与模式的构建与运行就面临思想观念陈旧的阻力，政府行政决策思想陈旧，对于新模式、新理念存在思想抵触，难以推动公民的有效参与。

在管理流程中充分融入公众参与，是为社会公众提供表达利益需求的机会，有利于增强政府的施政基础。民意顺，则施政易。充分的民主参与是对现代化政府的基本要求。民主参与不仅推动政府管理创新，还将使地方社会建设处于领先地位。东北老工业基地未来需要从扩大参与空间、完善参与机制、推动公民社会成长等方而加强政府管理创新中的民主参与，为东北老工业基地的振兴发展增添更多活力。

（2）权责划分不明确

明确政府行政权力与责任划分的根本目的在于使管理流程中的各环节与涉及部门既密切配合又各自独立，避免揽权推责、相互推诿的情况发生，提高行政效率，保证政府履行职能不缺位、不越位、不错位，使责任追究制度能够在责任划分清楚的前提下得到有效实施。在东北老工业基地，地方政府的管理实践暴露出，无论是纵向上上下级地方政府间，还是横向上地方政府间及政府各职能部门间，均存在权责划分不明确的问题。

首先，东北老工业基地地方政府间责任划分不清，缺乏制度化协调机制。2005年底的松花江污染事件使得这一问题暴露无遗。2015年11月13日下午，位于吉林省吉林市松花江畔的中国石油吉林石化公司双苯厂发生着火爆炸事故，造成约100吨苯类物质流入松花江。至11月23日，国家环保总局向媒体通报，受此次事件影响，监测发现泄漏的苯类污染物流入松花江导致重大水污染事件。在爆炸发生后，如此严重的问题吉林省有关部门并没有及时通知下游政府提早做好防污染准备，而是令丰满水电站开闸加大放水量使污染团能够尽快离开吉林境内。爆炸三天后黑龙江省才得到污染通知，使黑龙江省后来的决策与防污染处置在时间上处于被动。哈尔滨市90%的饮用水都依靠松花江供应，此次事件造成了哈尔滨市民的恐慌。吉林和黑龙江两省平时处理水污染问题时相互不信任、责任推诿情况严重。此次事件暴露出了东北老工业基地地方政府间权责划分不明确、主要官员不负责等问题。其次，东北老工业基地地方政府各职能部门之间职责划分不清晰，存在政出多门、九龙治水的现象。同一件事由多个部门进行管理，各有各的标准，各有各的程序。有的多个部门审批和监管同一事项，职能交叉重叠，各部门间相互推诿，最后造成无人审批无人监管的结果；有的牵头部门和配合部门职责不明确，最终造成牵头部门不负责、配合部门不协作的局面；有的执法标准不一，致使多头执法的现象难以避免。例如，辽宁省西部一位投资者要建一座加油站，却发生了一家职能部门同意，而另一家职能部门反对的情况。正是权责划分的不明确，使政府部门间在管理过程中出现"打架"的现实问题。

而在率先试行权力清单与责任清单的上海、浙江地区，依托权责清单这一有益的制度探索，使得政府管理中权力与责任的界限划分更加明确，行使主体更加明晰，为管理流程的科学设定与权责顺利履行提供了充分的前提条件，成为上海与浙江两地在政府管理创新中的又一亮点。另外，在2019年，江苏省通过"四结合"全面实现政府部门权责清单与"三定"规定有机衔接，首先就是结合部门权责清单确定部门主要职责。按照权责清单"法无授权不可为、法定职责必须为"的要求，部门职责原则上以法律、法规、规章和党中央、国务院以及省委、省政府相关文件规定为依据，同时"三定"规定统一明确各部门行政权力事项按照权责清单执行，禁止在清单之外擅自设置或行使行政权力。

（3）监督检查不跟进

在我国的政府管理流程中，监督检查环节必不可少。在国家不断深化行政体制改革的大背景下，政府监管更加追求科学化与规范化，变重事前审批为重事中事后监管，监管部门要认真落实"双随机、一公开"制度，落实监管责任，实现监管全覆盖，从而严厉打击损害人民群众身体健康和生命财产安全、严重扰乱市场秩序等行为，为发展经济、保障民生保驾护航。

东北老工业基地是我国资源型城市分布较广的区域之一，由于利益格局错综复杂，行政管理体制落后，地区内许多资源型城市社会公共服务功能严重缺失。受计划经济体制观念的影响，东北老工业基地各地市部分政府官员错误地认为权力高于一切，为追求政绩，谋求升迁，选择性无视市场乱象，使政府监管环节处于停滞状态，为地区社会主义市场经济的良好发展运行带来了严重挑战，与新一轮东北振兴的发展要求和国家政策格格不入。如2018年哈尔滨市纪委监委查处的哈尔滨交警系统"塌方式"腐败案件，专案组在调查中发现了一系列问题，交通执法部门涉案甚深。其中，哈尔滨市交通运输局监管不力，多人违规干预执法，接受请托为非法营运人员说情，收受好处费。哈尔滨市交通行政综合执法支队则是滥用职权，多人违规为非法营运人员减轻处罚，收受好处费。哈尔滨市出租汽车管理处监管不力，个别干部违规请托他人对非法营运人员予以关照。此外，哈尔滨市公安局基层单位也有民警、辅警违规，请托他人对非法营运人员予以关照，收受好处费；呼兰区交通行政综合执法大队滥用职权，个别工作人员收受好处费；阿城区交通运输局及运输管理站监管不力，多人违规执法，为非法营运人员通风报信、关照说情，违规减轻处罚；双城区运输管理站滥用职权，多人违规处理非法营运人员、减轻处罚等。地方政府在监督检查上的滞后性和随意性，说明东北老工业基地在政府部门对于市场主体和社会组织的监督检查上仍有较大的改革空间。

与之相比，浙江省在政府部门管理中率先探索制度创新，于2015年力推特邀行政执法监督员制度，在温州、金华等地展开实施，取得了一定成效。特邀行政执法监督员通过参与暗访、查摆、纠正及复查等环节，依法进行监督，初步形成了参与执法监督的力量基础，对发现的问题向相关职能部门反馈，并责令其整改，解决了一系列监督后的问题，使政府部门的跟进监督效果有了明显改观，此项举措正是浙江省通过政府管理创新，打通政府部门监督检查末梢环节的成功典范。在2020年，江苏省常州市市场监管局推出"互联网+监管"一体化平台，从"大市场""大监管"的实际情况出发，以"融入市场监管新职能、满足市场监管新需要"为建设原则，以"互联网+监管"为抓手，整合全系统多个业务平台，在全省率先建成"智慧市场监管一体化平台"，有力地提升了市场监管工作效能，推进了市场监管部门从物理整合全面走向化学融合。常州市市场监管局全面对照信息化发展的新形势，敢为人先，争创一流，瞄准全力推进市场监管治理体系和治理能力现代化的总目标，将"智慧监管"作为该市市场监管的创新发力点，努力打造智慧市场监管新品牌，全面提升市场监管规范化、精准化、智能化水平，这为东北老工业基地政府监管改革提供了宝贵的经验借鉴。

5. 政策法规泛化

近年来，曾享有"中国的主粮仓和工业摇篮"之美誉的东北老工业基地未能一如既往地保持其自1949年以来的领先地位，使其在众多地区中脱颖而出的资源、产业和地缘等优势正在逐步消失，经济总量排名逐步呈现出下滑趋势，为此，在中国共产党第十六次全国代表大会上明确提出东北问题，在2003年的政府工作报告中将振兴东北老工业基地作为工作重点，并随即出台了《关于实施东北地区等老工业基地振兴战略的若干意见》。从2003年至今，东北老工业基地的振兴之路已走过了十余年之久，在此期间，中央针对东北老工业基地振兴也不断提出新意见、新政策，其中既有宏观的振兴意见，又有微观的税收优惠政策以及发展规划的批复等。如在2009年，国务院出台《关于进一步实施东北地区等老工业基地振兴战略的若干意见》；2016年4月，中共中央、国务院出台《关于全面振兴东北地区等老工业基地的若干意见》，从2003年至2021年政策的数量分布可知，每年中央都会为东北老工业基地振兴出台相关政策，由此可知中央对于东北老工业基地振兴工作的重视程度。

在政府管理创新的进程中，相关政策法规的颁布与出台是重要的也是必要的，可以为政府管理创新的有序推进提供依据和参照，可以发挥其在政府管理创新进程中的指导性和引领性的地位和作用。中央层面的政策法规属于顶层设计范畴，是较为宏观的，是战略性的，是地方性政策法规的模板与依归，而地方性政策法规才是具体的、微观的、战术性的。因此，面对中央的大力支持，东北老工业基地地方政府的政策转化及政策扩大能力便显得尤为重要。此外，东北老工业基地作为以工业发展为主导的地区，加之经历了长期的计划经济体制阶段，使其形成较为独特的运行模式和发展机制，并没有一个可照搬照抄的模板可供使用，对于东北老工业基地而言，科学、有效的政策法规在政府管理创新进程中更是不可或缺。但是纵观东北老工业基地振兴中政府管理创新的政策法规却存在忽视地域特色、政策转化无力以及政策配套滞后等问题，不仅阻碍了东北老工业基地政府管理创新的有序推进，更无益于东北老工业基地的振兴和发展。

（1）忽视地域特色

东北老工业基地的政府管理创新和振兴发展过程中，相关政策文本的设计与制定忽视了东北老工业基地的地域特色，未能实现政策本身与地方发展实际的有效契合。在以放管服为抓手、全面深化行政体制改革的背景下，东北老工业基地各省份、市区纷纷出台政策法规以进一步落实承接简政放权工作，加强事中事后监管工作，促进公共服务的顺利开展。但是在政策的具体设定中未能与东北老工业基地的地域发展实际相结合，内容设置较为宏观，对于简政放权、政府监管、公共服务等相关工作的有序推进缺乏具体指导。

根据马克思主义哲学可知，矛盾具有特殊性，在不同的境遇和情况之下，要具体问题具体分析，切不可采用一刀切的方式，忽视地域特色将其一概而论。伴随着相关振兴战略的出台，东北老工业基地掀起了一场轰轰烈烈的城市更新改造浪潮，各城市的占地面积逐步扩大，基础设施建设也由市中心向城市周边不断蔓延，开发区、新区纷纷成立。辽宁省铁岭市也顺应时代发展潮流，紧跟政策导向，出台相关政策规划以指导新城开发，仅2013年便设立了36个项目，且有13个是房地产开发项目。但现实的发展情况是，铁岭市房地产产业一枝独秀，由于新城缺乏相关配套的产业支撑，以致新城楼盘的入住率不足两成，陷入"鬼城"危机。[①]此外，打造东北亚最大的物流中心是铁岭新城的另一建设目标，但此项目标也基本沦为泡影，剖析其地域发展现实便可知，其相邻城市沈阳拥有五爱街这一发展较为完善的消费品交易市场；面对需求量巨大的建材市场，基于东北老工业基地是以工业而闻名的地区，各地已形成了较为成熟的工业产品集散地，所以新城的发展空间异常狭窄。由此可见，铁岭市的新城建设规划虽然抓住了发展契机，但与地域发展实际耦合不畅。东北老工业基地是最早进入最迟退出计划经济体制的地区，长期以来，以其丰富的资源、坚实的产业、独特的地理位置，在众多地区中脱颖而出。辽宁省的鞍钢、本钢、辽河油田，吉林省的一汽汽车制造厂，黑龙江省的大庆油田等均为工业体系的建设与完善作出了历史性的卓越贡献，为中国经济的腾飞、工业的进步、改革开放的全面推进奠定了强而有力的基础，曾一度被称为"共和国的长子"且拥有数量较多的国有企业。与之相比，江、浙、沪三地没有厚重的工业发展历史，也并非是以工业为其主导产业的地区，而是以第三产业、高新技术产业著称的地区，处于沿海经济带，对外开放程度高，贸易交流频繁。因此，基于不同的时代背景和地域特

---

① 李慧敏.入住率不足两成辽宁铁岭新城成新鬼城[EB/OL].http://ln.qq.com/a/20130923/014108.htm, 2013-9-26/2017-9-6.

色，东北老工业基地的振兴之路必定与江、浙、沪地区的发展之路有所不同。此外，更有诸多成功的政府管理创新案例便是始于地方首创，如曾在20世纪七八十年代风靡一时的新公共管理运动中，无缝隙的政府管理便来自美国明尼苏达州的地方首创；在全国范围内开展的家庭联产承包责任制的农村改革便是开始于安徽省滁州市凤阳县小溪河镇小岗村的实践，其成功最主要的原因便是充分了解地方区域发展的实际情况，结合地域发展特色，制定相关政策法规，由此能够做到有的放矢。因此，在政策法规的设计和制定中忽视地域特色成为东北老工业基地政府管理创新和振兴发展中不容忽视的问题。

（2）政策转化不到位

我国的中央政府和各级地方政府呈现出条块分割的状态，公共政策的运行模式是中央政府作为顶层设计主体，针对国家发展方向设定宏观战略，下发各省级地方政府，各省级政府根据各自发展的实际情况，以中央政府所传达的发展战略为依归，设定各地方政府的具体政策，并逐层传达给下级政府。在东北老工业基地的政府管理创新和振兴发展中也是如此，中央作为顶层设计者，提出了针对东北老工业基地的发展战略和若干意见，东北老工业基地省级政府根据中央提出的发展战略与精神并结合地方实际制定具体落实政策。然而，东北老工业基地地方政府在政策转化环节相对薄弱，未能将中央所提出的政策深入有效地贯彻落实于地方，以致相关政策法规的放大化与扩大化在东北老工业基地难以实现。例如，为促进东北老工业基地的发展与振兴，推动政府管理创新的有序开展，中共中央针对东北老工业基地出台了结对子的帮扶政策。2017年3月17日，国务院办公厅对外公布了《东北地区与东部地区部分省市对口合作方案》，为东北老工业基地的各省份和主要城市设定了对标城市，东北三省对应东部三省，即辽宁省与江苏省、吉林省与浙江省以及黑龙江省与广东省；东北四市对应东部四市，即沈阳市与北京市、大连市与上海市、长春市与天津市以及哈尔滨市与深圳市①，力图通过对标省份和对标城市的方法，为东北老工业基地的各省份和城市的发展提供依仗和对照，借鉴东部较为发达的省份和城市的先进经验，以助推东北老工业基地政府管理创新和全面振兴的有序开展。从中央出台结对子的帮扶政策至今已有四年，但纵观东北老工业基地各省市根据东部对标省市出台的政策文本的力度依然不足，对结对城市的发展模式和创新过程的借鉴和吸收相对欠缺，未能紧紧抓住结对子帮扶政策所带来的发展契机，实现中央政策在东北老工业基地的放大化、扩大化与具体化。以沈阳市为例，沈阳市政府办公厅于2017年4月12日在沈阳市政府门户网站上公布了《沈阳市人民政府关于印发沈阳振兴发展战略规划的通知》②，在第五项发展策略的第五条中指出要制定和实施《沈阳与发达地区对口合作实施方案》，但至今沈阳市也未出台《沈阳与发达城市对口合作实施方案》的相关政策；2018年3月17日，国家发展改革委制定发布了《北京市与沈阳市对口合作实施方案》，要求北京市与沈阳市按照党中央、国务院关于实施新一轮东北地区等老工业基地振兴战略的决策部署，强化责任担当，完善推进机制，分解落实工作，确保《实施方案》提出的目标和任务如期完成。然而，沈阳市对此也未适时出台相关落实方案，因此，关于沈阳市与北京市的结对帮扶政策亟待落实。再如2017年4月10日，中国（辽宁）自由贸易试验区沈阳片区正式揭牌③，沈阳

---

①国务院办公厅.国务院办公厅关于印发东北地区与东部地区部分省市对口合作工作方案的通知[EB/OL].http://www.gov.cn/zhengce/content/2017-03/17/content_5178294.htm，2017-3-17/2017-9-6.

②沈阳市政府办公厅.沈阳市人民政府关于印发沈阳振兴发展战略规划的通知[EB/OL].http://www.shenyang.gov.cn/zwgk/system/2017/04/11/010179755.shtml，2017-4-12/2017-9-6.

③王国忠.中国（辽宁）自由贸易试验区沈阳片区正式揭牌[EB/OL].http://www.chinadevelopment.com.cn/news/zj/2017/04/1133152.shtml，2017-4-10/2017-9-6.

从此跨入自贸区时代，也标志着沈阳市乃至整个东北老工业基地的振兴迎来了重大的发展机遇，充分运用沈阳自由贸易试验区这一发展契机将有力地促进沈阳市的产业转型乃至东北老工业基地整体竞争力的提升。自沈阳片区的自由贸易试验区正式挂牌至今已四年有余，但悉数辽宁省和沈阳市所出台的有关自由贸易试验区建设的相关政策，仅有《辽宁省人民政府关于赋予中国（辽宁）自由贸易试验区各片区管委会第一批省级行政职权的决定》《辽宁省人民政府办公厅关于推进中国（辽宁）自由贸易试验区与重点产业园区协同发展的指导意见》《沈阳"16+1"经贸合作示范区实施方案》等政策。自由贸易试验区建设与发展涉及土地规划利用、外商投资、税收服务、市场监管、海关特殊监管、国际贸易、仓储物流、金融服务、企业用工等多个领域相关政策的创新与改革，而辽宁省与沈阳市目前所出台具体政策仍相对不足，对自贸区建设和发展的政策落实仍不充分，"大胆试、大胆闯、自主改"的发展口号已经提出，但在试、闯、改的发展实践中仍留有不足，未能实现中央政策在东北老工业基地的细化、具体化以及放大化和扩大化。

（3）政策配套相对滞后

政策的实质是某一团体为了某种目的而采取的政治措施，一个国家或地区的管理与发展离不开政府制定的政策。由于公共政策问题很少是独立出现的，各种问题处于相互联系中，因此解决社会问题的政策也是纵横交错在一起，形成政策问题的网络结构。当其他领域的政策问题处在网络结构的关键点上时，政策问题的解决就有赖于其他政策的实施并以其实施效果为前提条件，即"政策配套"。在东北老工业基地政府管理创新和振兴发展的过程中，相关政策法规制定出台较为零星、分散，配套政策相对滞后，未能形成一揽子或一系列计划，由此导致已出台的相关政策法规无法发挥其最大效用。在以"放、管、服"为抓手，全面推进东北老工业基地地方政府职能转变的背景下，政府监管作为简政放权的配套性举措，与简政放权工作的高度紧密性和承接性已不言而喻。加之层出不穷的唱衰东北之音，东北老工业基地各级地方政府已逐步认识到，东北经济的衰退和"新东北现象"的出现与东北老工业基地的营商环境有着不可分割的密切关系，正是基于如此境况，东北老工业基地各级地方政府坚决秉持"简政放权、放管结合和优化服务"的原则，纷纷出台有关优化营商环境的政策举措。在上级政府将大量的权力下放给下级政府和社会组织后，为市场主体"解绑"，给社会组织"腾位"的政策性目标将会逐步实现，此时，政府须以经济性监管、社会性监管以及行政性监管为出发点和落脚点，将其职能定位由事前审批转向事中事后监管。然而，东北老工业基地的现实情况未能尽如人意，以沈阳市为例，伴随着简政放权的"瘦身"政策在沈阳市的争相出台，政府监管的"强身"政策却仍有欠缺。沈阳市政府主要出台的是类似于《关于进一步做好简政放权落实承接和加强事中事后监管的管理办法》①等侧重于整体性规划的描述性政策，而非涉及政府监管中可操作性、具体性的"强身"政策，以致东北老工业基地的简政放权和政府监管之间出现断层，放管结合也难以落到实处。东北老工业基地当前营商环境的形成绝非一部门之过，而是多部门多层级政府共同作用的结果，因此，欲扭转当前的尴尬境遇，打造国际化的营商环境，需要多部门多层级政府协同合作，需要财政政策的资金支持，监管部门的政策调整，各审批部门的简政放权等多方支援，通过一系列相关配套政策的出台，实现营商环境的优化。但在当前优化营商环境的政策中，政策配套仍然不足，配套举措也未细化。因此，政策配套的相对滞后成为东北老工业基地政府管理创新和振兴发展中需要着力解决的问题。

而对比江苏省，在2019年，江苏省农业农村厅、省财政厅会同省相关

---

①沈阳市政府办公厅.沈阳市人民政府办公厅印发关于进一步做好简政放权落实承接和加强事中事后监管办法的通知[EB/OL].http://www.shenyang.gov.cn/zwgk/system/2017/08/11/010190146.shtml，2017-8-11/2017-9-6.

部门，根据江苏省政府办公厅《关于对真抓实干成效明显地方进一步加大配套激励支持力度的通知》，参照《国家农村人居环境整治激励措施实施办法》，制定出台了《江苏省农村人居环境整治配套激励措施实施办法》，旨在通过激励一批农村人居环境整治成效明显的县（市、区），推动形成主动作为、竞相发展的良好局面。《办法》对全省13个设区市进行评价，对开展农村人居环境整治成效明显的县（市、区）进行激励，评价内容包括各设区市农村人居环境整治工作组织管理、资金保障、工作成效等三个方面，评价结果较好的设区市参照《办法》和本地区农村人居环境整治工作评价相关办法，向省农业农村厅、省财政厅推荐激励候选县（市、区）。省级财政在分配年度农村人居环境整治类资金时，对整治成效明显的县（市、区）予以适当倾斜支持。倾斜资金主要用于激励县（市、区）农村生活垃圾污水治理、厕所革命、农业废弃物治理、村容村貌提升和长效管护运维等农村人居环境整治相关内容。在2020年，浙江省商务厅印发《关于"证照分离"改革告知承诺事项配套措施的通知》，省委改革办、省政府召开多次会议研究部署进一步深化"证照分离"改革工作。8月12日，省政府印发《浙江省进一步深化"证照分离"改革全覆盖试点工作实施方案的通知》（浙政发〔2020〕18号）和《浙江省涉企经营许可告知承诺实施办法》（浙政发〔2020〕20号），并于8月13日召开进一步深化"证照分离"改革全覆盖试点工作动员部署电视电话会议，进一步推进浙江省"证照分离"改革全覆盖试点（改革2.0版），开展告知承诺事项新增和扩面工作，并要求省级部门做好告知承诺事项配套措施制定工作。

对标江、浙、沪地区政府管理创新现状，东北老工业基地政府管理创新落实的不足可见一斑。公共行政效率作为政府能力的主要表现，是衡量政府管理工作的基本指标。现代政府都希望通过自身的改革和创新，以更高的行政效率、更低的行政成本、更好的公共服务，获得更多公民和企业的认同与支持。东北老工业基地的新一轮全面振兴，需要下大决心，以加强政府管理创新为突破口，提升政府的行政效率，为公民和企业的发展节省更多的时间和精力，赢得更多的空间和活力。

二、东北老工业基地政府管理创新不足的原因

基于对标江、浙、沪等国内先进地区，对东北老工业基地政府管理创新所存不足的系统描述与分析，本研究将从理念、制度与行为三个层次进一步剖析东北老工业基地政府管理创新存在不足的原因，找出制约东北老工业基地政府管理创新的深层次障碍。

1. 东北老工业基地政府管理创新的理念引导不力

政府管理理念是政府执政观念和行政意识的总和，包含影响和制约政府公共行政行为的一系列行政思想、行政意识、行政道德和行政习惯，即关乎政府为谁做事、做什么事、怎么做事的问题。我们要充分认识到，创新理念是引导政府变革、构建创新型政府的基础，是一个重大的创新活动，在构建创新型政府的过程中，面对落后甚至错误的观念，必须有魄力将其抛弃和摒除。进行政府管理创新不是一段时间内的阶段性任务，要不断保持理念的先进性与正确性，满足时代的需求，营造良好的文化氛围，推动政府管理创新活动走向深化与完善。当前，东北老工业基地政府管理创新的理念引导不力主要体现在四个方面：领导干部行政理念革新迟缓、基层行政人员创新意识匮乏、地域文化封闭保守制约创新、政府管理创新理念缺乏战略视野。

（1）领导干部行政理念革新迟缓

理念创新是地方政府管理创新的基础和先导，领导干部作为统筹地方政府管理的掌舵人，其行政理念革新滞后，将导致地方政府管理与地方经济社会发展间的矛盾。就东北老工业基地的发展现状而言，地方领导干部的思想

观念仍旧不够解放，基层地方党委和政府对经济发展新常态的适应引领能力有待进一步加强。

领导干部的行政理念对政府管理理念具有直接影响，引导和制约着政府的公共行政行为，即决定了政府为谁做事、做什么事、怎么做事的问题。东北老工业基地是我国进入最早、退出最晚、实行计划经济最彻底的地区，受传统的计划经济体制影响较深，时至今日领导干部仍旧抱有较深的"官本位"思想，习惯于给企业下指标、定规模，用行政命令搞技改，用传统的方法搞评比、搞激励，包揽一切，把本该由市场和社会调节的工作变成自己的职责来履行。2016年，《人民日报》接连撰文痛批东北的"官本位"现象，先是《为何东北不少科长被叫处长》文章指出，在东北不少地级市，局下面的科长都叫"处长"，某某市办公室非要叫办公厅；后又撰文批"正处级动物园""正县级度假区"等现象，这些现象无不折射出东北老工业基地地方政府官员强烈的"官本位"意识。

而经过40多年的改革开放，随着当代政府管理创新的快速发展和普及，在我国东部沿海等先进地区，"官本位"的陈旧意识已逐步被摒弃，领导干部在政府管理中早已经逐步树立起"民本位"思想，以及建设有限政府、法治政府、效能政府及服务型政府等先进的行政理念。例如，浙江省在第十二次党代会上提出"创业富民、创新强省"的总战略，提出努力打造最优的发展环境，彰显出了地方领导干部行政理念的先进性与立足长远、谋划全局的勇气与智慧。

领导干部在政府管理中承担着多重角色，既是改革创新的发起人、推动者，又是经济发展的领导者、调控者，还是人民生产、生活的服务者。既然处于高位，理应顺应时势，革新理念，分析时局，引导地方经济社会的健康发展。当前东北老工业基地经济发展正面临着"滚石上山"的严峻形势，地方领导干部的行政理念必须再来一次大转变，加快理念革新的速度与步伐，以先进的行政理念引领地方政府加强管理创新，为东北老工业基地的全面振兴夯实思想观念基础。

（2）基层行政人员创新意识匮乏

地方政府基层行政人员是政府职能的履行者与行政理念的践行者，更是连接政府与市场和社会间的桥梁与纽带。基层行政人员如同政府与市场和社会间的传感器，将政府管理的各项工作与要求在与市场和社会间的互动中落实，并将市场和社会对于政府管理的反应反馈给进行政府管理的领导者与决策者。创新意识在当今社会发挥着日益重要的作用，是决定一个国家、民族创新能力最直接的精神力量。在今天，创新能力实际就是国家、民族发展能力的代名词，是一个国家和民族解决自身生存、发展问题能力大小的最客观和最重要的标志。创新意识促成社会多种因素的变化，推动社会的全面进步。创新意识根源于社会生产方式，它的形成和发展必然进一步推动社会生产方式的进步，从而带动经济的飞速发展，促进上层建筑的进步。创新意识也能进一步推动人的思想解放，有利于人们形成开拓意识、领先意识等先进观念；创新意识会促进社会政治向更加民主、宽容的方向发展，这是创新发展需要的基本社会条件。因此，地方政府基层行政人员有无高度的创新意识，对于地方政府管理创新具有重要作用。

目前东北老工业基地政府管理创新无法适应地区全面振兴的需要，这其中有东北老工业基地行政管理体制机制等宏观层面的原因，也有基层行政人员等微观层面的原因。在我国省、市、县（区）、乡的行政层级安排中，县（区）、乡层级较为基层，与企业和社会公众的接触联系较为紧密，其行政人员创新意识的匮乏将直接导致地方政府管理创新的不足。近几年，东北老工业基地的经济发展经历了触底重造，仍旧处于走向复苏的初级阶段，发展前景与发展成果欠佳，公务员队伍薪资水平较低，导致了地区人才外流严重，行政人员队伍走向老龄化，能力与素质难以得到显著提升，势必出现基层行政人员思想观念趋于保守、创新意识匮乏的情况。如受"官本位"思想、行政壁垒等影响，相关部门权力意识和条块分割较为明显，部分干部主动担当作为意识和业务能力不强；受传统体制机制影响，多数基层行政人员思想较为保守，对"体制内"情有独钟，创新意识和动力不足，不利于地方政府管理的创新。而在浙江省龙游等县，在地区领导的倡导与带领下，基层行政人员不断提升工作能力，主动开展行政方式与行政管理体制机制的创新，为浙江省乃至全国树立了诸多以地方政府管理创新推动地区走在发展前列的典型案例。2003年以来，浙江省龙游县创新政府管理，加强政府自身建设，在全省率先推行招商引资审批专窗和涉企收费罚没款监管专窗工作机制，使得企业进驻走流程省时省力，吸引众多投资者慕名前来，为龙游县的经济建设注入活力。[1]龙游县为提高信息服务效率，搭建了政企信息化平台，促进了县园区内部政企间的互动；并创新涉企收费和罚没款监管机制，设立涉企收费和罚没款统一监管专窗，坚持涉企收费和罚没款的执法主体、缴款方式和银行账户不变，加强了政府廉政建设，优化了县域经济的发展环境；同时龙游县还着力推进行政管理体制的创新，将政务服务平台持续做大，强化政务公开，促进审批服务透明规范，使得地方政府行政服务水平得到了很大提升。龙游县发展成果的取得，离不开基层行政人员在思想意识上对政府管理创新的高度重视。基层行政人员高度的创新意识、饱满的创新热情是落实政府管理创新实践的前提和基础，东北老工业基地政府管理创新的不足，应当正确审视基层行政人员创新意识不足这一内在原因，提高基层行政人员对于加强政府管理创新的思想意识，以思促行，为优化地区政府管理创新扫清思想障碍。

---

[1]姚先国，金雪军，蓝蔚青.浙江地方政府管理创新蓝皮书：2009卷[M].北京:知识产权出版社，2010:7.

（3）地域文化封闭保守制约创新

地域文化深刻地影响着人的思维逻辑与行事作风，因此也间接地影响着政府的行政行为与行政风格，在一定程度上为政府管理理念的形成提供了文化基础。闯关东的移民文化造就了东北老工业基地民众小富即安、知足常乐的心态；辽阔的地域、肥沃的土地、丰富的资源一方面促进了东北老工业基地自给自足的农耕经济的快速发展，另一方面也形成了封闭保守、尊崇传统、信奉"天不变道亦不变"、不思进取、缺乏开拓的"小农意识"；此外，计划经济在东北老工业基地长时间的推行，催生了东北地区崇尚权力、法治意识淡薄、封闭守旧、创新精神缺乏的地域文化。政府管理创新要真正得以推行强化，必须要有一定的文化观念作为支撑。东北老工业基地的地域文化含有一定的落后部分有待剔除改进，无法有力引导地方政府坚持以民为本，向服务型政府转变；无法深层次促进地方政府敬畏人民、敬畏权力与法律，坚决贯彻依法行政；无法充分鼓励地方政府树立创新意识，提升创新的能力与水平。东北老工业基地封闭保守的地域文化无法在理念层面发挥有力的引导作用，制约了地方政府管理创新的改革进程。我国以江、浙、沪为代表的东部沿海地区，实行改革开放推行市场经济的时间较早，形成了先进开放的地域文化，具有优良的发展环境。尊重市场发展规律，爱护扶持市场主体，具有高度的法治意识与创新意识，对于地方政府管理创新成果的取得发挥了正面的促进作用。在地区发展理念上，浙江省树立着力打造最优发展环境的发展理念，引导政府管理的各项改革与举措；上海市确立打造先进自贸区与国际大都市的理念目标，领航城市的规划与发展；江苏省提出建设"强富美高"新江苏，以此理念引领江苏省政府管理工作的开展落实。江、浙、沪地区先进开放的地域文化，孕育了先进的政府管理理念，生成了其地方政府敢于创新、勇于变革的内在动力。

由此可见，封闭守旧的地域文化无法促进地区以开拓创新之姿加强落实政府管理创新，引领地区适应发展新常态。东北老工业基地地域文化中所蕴含的保守性，成为造成其地方政府管理创新不足的原因之一。东北老工业基地的新一轮振兴需要地方政府加强政府管理创新以引领地区走向新的发展层级与局面，应形成呼唤创新、支持创新、共同创新的地域文化与风气，为地方政府管理创新扫清障碍，增添动力。

（4）政府管理创新理念缺乏战略视野

战略一词，本多用于军事，指对军事斗争全局的策划和指导，其基本含义是指战略指导者基于对军事斗争所依赖的主客观条件及其发展变化的规律性认识，全面规划、部署、指导军事力量的建设和运用，以有效达成既定的政治目的和军事目的。将战略一词引申至行政管理领域，意为行政系统的领导者在对进行政府管理所需要的主客观条件及其发展方向的正确判断的基础之上，通盘考虑，全面部署政府管理的纲领与举措，以实现政府管理的发展目标。而所谓"视野"，正是指眼光与格局。进行政府管理创新亦需要正确的战略与广阔的视野奠定格局，以此强力引导创新进程。

在东北老工业基地新一轮的振兴中，地方政府虽然认识到了在政府管理方面进行变革的重要性，但政府管理创新的理念设定缺乏全局性、统筹性，偏重微观局部的理念转变，对全局的战略思考不够，视野趋于片面狭隘，以致其进行政府管理创新的战略性不足，无法形成整体统筹协调的合力。例如，随着我国"一带一路"倡议的提出，我国在高端产业发展方面不断加大投入力度，将高附加值产品推向国外，由此带动了我国经济发展。但东北地区与我国一些沿海城市相比，经济发展速度依然缓慢，而且，当前经济发展模式与快速发展的时代需求相分离，不能正确利用自身诸多优势。因此，东北地区经济要想实现跨越性发展，必须要尽快实现经济结构转型，积极借助"一带一路"倡议的东风，及时转变发展理念，用格局宽广、站位高远的战略理念与视野指导东北老工业基地地方政府管理创新各项工作的布局与落实，充分发挥当地自然资源的优势实现快速发展。对标江苏省，依托国家实施"一带一路"政策，把握地处"一带一路"交汇点的地缘优势，江苏省立足国家战略，放眼国际视野，着力推进"一带一路"交汇点建设战略，积极参与"一带一路"和长江经济带建设，在落实"一带一路"倡议中拓展开放空间。在此战略视野的引导下，江苏省政府紧紧围绕政策沟通、道路连通、贸易畅通、资金流通和民心畅通的要求，创新政府管理的各项工作，取得了令人瞩目的显著成绩。

战略与视野奠定了政府管理创新的总体方向与布局，对于政府管理创新各项工作的开展发挥强有力的指导作用。东北老工业基地政府管理创新战略视野的缺乏，将造成其政府管理创新的散、偏、乱等现象，无法通过政府管理创新为东北老工业基地的全面振兴打开突破口，引领地区发展顺利度过滚石上山的攻坚期。

2. 东北老工业基地政府管理创新的制度保障赢弱

制度是调节人与人、人与社会、人与自然之间关系的体制机制、法律法规等的总和，制度通过一系列规则为人们的活动划定界限、提供方向，为社会中的分工合作设定轨道。制度以其规范性和稳定性发挥着整合协调各种关系、调节各种矛盾冲突的功能，成为经济发展、社会安定的重要保障。习近平总书记强调："改革开放已走过千山万水，但仍需跋山涉水。"处在这个船到中流、人到半山的时候，改革每向前走一步、每向深进一层，都需要付出更艰苦的努力。我国今后的改革将更加凸显全面性、系统性特征，靠零敲碎打不行，靠碎片化修补也不行，这就要求我们更加重视制度体系建设，加强顶层设计和整体谋划，以制度来确保各领域改革的正确方向，以制度来推进改革向深处走、向实处走。只有加快形成系统完备、科学规范、运行有效的制度体系，使各方面制度更加成熟更加定型，才能保障新时代改革开放行稳致远。地方政府管理创新的改革关键就在于其制度空间，制度空间即地方政府改革创新可以在什么范围、界限或原则条件下进行改革，改革创新的制度余地有多少，决定了改革能否获得强有力的制度保障。东北老工业基地地方政府管理创新不足，其原因不仅在于理念引导的不力，还在于无法以制度规定为政府管理创新活动提供硬性层面的保障。目前，东北老工业基地政府管理创新的制度保障羸弱主要体现在五个方面：权力责任清单制度贯彻不实、行政责任追究制度执行不力、政府绩效评估制度指标片面、科技创新管理制度效果微弱、容错纠错机制不健全。

（1）权力责任清单制度贯彻不实

东北老工业基地地方政府在日常管理中存在着政府控制过强、行政成本过高、市场和社会参与程度过低等问题，于是简政放权改革便成为东北老工业基地转变政府行政职能、加强政府管理创新的重要着力点。权力责任清单制度是深化落实简政放权改革的重要制度安排，是政府及其部门在对其所行使的公共权力进行全面梳理的基础上，依法界定每个部门、每个岗位的职责与权限，然后将职权目录、实施主体、相关法律依据、具体办理流程等以清单方式进行列举和图解，并公之于众。权力责任清单制度对于廓清政府权力与责任边界，明确权力行使的主体具有重要意义。然而制度虽好，该制度在东北老工业基地却尚未得到全面有效实施。例如，自党的十八大以来，辽宁省政府分六批取消调整行政审批等事项1682项，其中取消735项，下放689项，转移、合并、降低收费标准等258项，行政审批事项比2011年减少了60%以上，提前两年超额完成了工作目标。在省政府的带动下，各市政府取消调整行政职权11013项，其中取消4063项，下放4800项，转移、合并、降低收费标准等2150项。然而，在省级政府取消调整的1682项、各市级政府取消调整的11013项行政职权中，取消和下放的权力在较为偏僻专业领域集中出现，实则在经济发展总量中所占比重不大，无法有力释放市场与社会的发展活力。在这种情况下，权力责任清单的制定只求数量不重质量，在走向落实的过程中只能沦为形式，以此为依托所开展的政府管理创新活动也就丧失了制度上的保障。

而江苏省在此方面则与东北老工业基地形成了鲜明的对比。在2017年，由省审改办牵头、65家省级相关部门配合，江苏省启动了权力清单标准化工作。经最终审定，省级行政权力事项4989项，市级行政权力事项7025项，县级行政权力事项7037项，省、市、县共有行政权力事项4055项。与2014年公布的行政权力清单相比，因取消、法律法规修改共减少权力事项1196项，因新的法律法规颁布、承接国务院下放事项新增538项，实际净减少658项（均为大项，不含子项），精简了11.7%。通过权力清单标准化，对少数地区人为归并许可事项作了规范。江苏省"省市县(市、区)政府部门行政权力清单"的公布，彻底解决了市、县权力清单存在的数量不一、名称不一、类别不一问题，有效解决了审批过程中"一长四多"（时间长、图章多、中介多、收费多、材料多）问题，实现了审批全链条各事项统一规范，初步解决了政府部门"信息孤岛"问题，所有权力在全省"互联网+政务服务"一张网平台上统一运行。江苏省政府提出，权力清单不仅要让百姓看得懂，还要让百姓看得到。因此，江苏省更加重视权力清单与责任清单的制定质量，更加注重公开内容的通俗性与公开方式的便捷性，真正使权力清单与责任清单为政府所用，为民所用，为以此为抓手所开展的各项政府管理创新活动提供了良好的制度保障。

简政放权是现代政府推进改革的重要方面与突破口，建立权力责任清单制度旨在使简政放权过程中的各项政府管理创新活动有章可循、有据可依。权力责任清单制度落实的空化泛化，将无法为东北老工业基地转变地方政府职能所进行的各项政府管理创新活动提供有效的制度保障。

（2）行政责任追究制度执行不力

所谓行政责任追究制度是指一级政府对现任该级政府负责人、该级政府所属各工作部门和下级政府主要负责人在所管辖的部门和工作范围内由于故意或者过失，不履行或者未正确履行法定职责，以致影响行政秩序和行政效率，贻误行政工作，或者损害行政管理相对人的合法权益，给行政机关造成不良影响和后果的行为，进行内部监督和责任追究的制度。党政领导问责制度则是指对决策严重失误造成重大损失或者恶劣影响的，对群体性、突发性事件处置失当，导致事态恶化，造成恶劣影响等情形，对党政领导干部实施责任追究的制度。近年来，党和政府越来越重视党政领导问责制的理论研究和实践应用，并采取了切实行动。2009年，《关于实行党政领导干部问责的暂行规定》出台，在规定中将乡镇级以上党政领导全部纳入到问责范围内，其范围之广、影响之大前所未有。从中可以看出，为了提高政府管理的科学性、提升管理结果的有效性，党和政府将问责制作为一项重要的战略抓手和制度保障。行政责任追究制度为我国党政领导问责提供了规范化的依据，是完善和推进国家权力监督的重大举措，在政府管理创新中发挥着重要的督促作用。

然而以行政责任追究形成制度倒逼，在东北老工业基地的政府管理创新中，却因落实的虚化无法发挥实际效用。"有权必有责，权责需对等"，行政管理者掌握政府管理的公共权力与资源，也就必须承担相应的责任，一旦在决策或管理过程中存在重大失误、不作为、甚至乱作为，就应按照有关规定对其进行行政责任追究。黑龙江省哈尔滨市2012年出台《哈尔滨市行政问责规定》，提出"三实、两创、一提高"要求，即求实、务实、落实，创新、创一流，全面提高工作水平，建立"确责""履责"和"问责"机制，将此规定纳入全市公务员队伍管理的重要内容，对被进行责任追究的公务员，依据不同的问责方式，降低年度考核等次，并按照干部管理权限，凡被问责的副科级以下行政机关公务员，当年不得晋升上一级职务。虽然该行政问责规定全面出台，但其所具有的约束力与震慑力在落实环节大打折扣。出于各种主客观因素，行政责任追求制度未得到严格贯彻落实，沦为纸上谈兵的纸老虎。公务员队伍的不作为、乱作为现象并没有得到有效治理。

对标上海和江苏，为强化各级政府食品安全属地责任和各级食品安全监管部门监管责任，根据《中华人民共和国食品安全法》《关于实行党政领导干部问责的暂行规定》《上海市食品安全条例》《上海市行政执法过错责任追究办法》《上海市人民政府关于加强基层食品安全工作的意见》等，上海市人民政府办公厅于2017年10月发布了《上海市食品安全行政责任追究办法》，该办法根据政府和部门不同的问责对象，规定了不同的问责主体，明确了政府的9种追责情形，监管部门的15种追责情形，并根据具体的问责情形，规定了责任约谈、书面检查、通报批评、岗位调整等追责形式。在2020年，《江苏省重大行政决策程序实施办法》经省政府常务会议讨论通过，该办法对重大行政决策的全过程进行规范指导，并规定决策机关违反规定造成决策严重失误，造成重大损失、恶劣影响的，应当倒查责任，实行终身责任追究。该办法还进一步明确了相关人员的法律责任：决策机关违反本办法规定的，由上一级行政机关责令改正，对决策机关行政首长、负有责任的其他领导人员和直接责任人员依法追究责任；造成决策严重失误，或者依法应当及时作出决策而久拖不决，造成重大损失、恶劣影响的，应当倒查责任，实行终身责任追究，对决策机关行政首长、负有责任的其他领导人员和直接责任人员依法追究责任。决策承办单位或者承担决策有关工作的单位未按照规定履行决策程序或者履行决策程序时失职渎职、弄虚作假的，或者决策执行单位拒不执行、推诿执行、拖延执行重大行政决策，或者对执行中发现的重大问题瞒报、谎报或者漏报的，均将对负有责任的领导人员和直接责任人员依法追究责任。

行政责任追究制度是政府管理创新所必备的重要制度保障，行政责任追求制度的倒逼作用、约束作用与震慑作用，将激励地方政府及其行政人员在政府管理创新工作中重创新、求实效，着力提升政府管理创新的层次与水平。行政责任追究制度在东北老工业基地的落实走向虚化，是导致其地方政府管理创新效果不如人意的重要原因之一。

（3）政府绩效评估制度指标片面

政府绩效评估就是政府自身或社会其他组织通过多种方式对政府的决策和管理行为所产生的政治、经济、文化、环境等短期和长远的影响和效果进行分析、比较、评价和测量，对政府绩效进行评估是规范行政行为、提高行政效能的一项重要制度和有效方法。政府绩效评估在政府绩效管理体系中占有举足轻重的地位。从一般意义来讲，政府绩效评估是指在政府制定特定行政目标的基础上，依据可定量化的指标，运用科学的评估方法，对政府管理的效果进行评估，它是用来评价及证实组织和个人业绩的正式评审过程，实施政府绩效评估的目的是改善政府管理的工作绩效。

通过研究发现，在东北老工业基地以经济指标为主的政绩考核机制仍旧存在，地方政府政绩考核过于偏重经济指标，以GDP论英雄现象突出，客观上强化了地方政府对经济发展的追逐，甚至出现数据造假等不正之风，不利于政府管理创新的开拓落实。例如，在"数字出官，官出数据"等扭曲政绩观的推波助澜下，东北三省部分地方经济数据造假之风尤甚，不仅误导中央和地方的规划决策，且已演化为破坏党风政风、损害政府公信力的腐败推手。2013年，黑龙江省黑河市虚报项目投资19亿元，按当年统计公报披露的223亿年度项目投资总额计算，"注水"比例为8.5%；辽宁省岫岩满族自治县虚增财政收入8.47亿元，超过同年实际财政收入的127%，地方统计数据"注水量"之大由此可见。一些基层官员反映部分经济数据造假严重，不仅GDP增速、投资、消费和进出口等数据"大水漫灌"，甚至连棚户区改造、城乡居民收入等数据也被篡改。为了维护虚高"注水数据"不露馅，一些地方官员甚至采取"无收入来源空转财政收入、有收入来源的列收列支及借款缴税、违规调整入库品种和截留侵占上级收入和违规提前征收税款入库"等更为隐蔽的手段，在公共财政收入上大做手脚。尽管各级官员都深知"注水数据"的危害，但面对来自上级考核、地区竞争和自身升迁等压力和冲动，最终往往还是硬着头皮"层层分解指标、人人摊派任务"，"东北黄金十年两位数的增长，数字挺好看但经济很难受，弄到最后各省都在挤水分"。因此，地方政府政绩考核不能太片面而过于偏重经济指标，这也将诱导政府管理走向狭隘化。

习近平总书记2015年7月17日在长春召开部分省区党委主要负责同志座谈会上的讲话提出："推动东北老工业基地振兴，要着力完善体制机制、着力推进结构调整、着力鼓励创新创业、着力保障和改善民生。"其中，着力完善体制机制主要包括：加快转变政府职能、进一步推进国资国企改革、大力支持民营经济发展、深入推进重点专项领域改革等多个方面；着力推进结构调整主要包括：促进装备制造等优势产业提质增效、大力发展以生产性服务业为重点的现代服务业、加快发展现代化大农业、不断提升基础设施水平等诸多内容；着力鼓励创新创业主要包括：完善区域创新体系、促进科教机构与区域发展紧密结合、加大人才培养和智力引进力度等发展重点；着力保障和改善民生主要包括：切实解决好社保、就业等重点民生问题、全面解决好棚户区、独立工矿区改造等重大民生工程等必行之事。这些均为东北老工业基地振兴中必须攻克的改革重点和难点，也应当成为东北老工业基地政府绩效评估指标设置的重要内容。政府绩效评估制度指标的单一片面，将诱导政府管理走向狭隘化，不利于东北老工业基地实现政治、经济、文化、社会及生态"五位一体"全面发展，成为又一个制约东北老工业基地政府管理创新全面落实的制度性因素。

对标浙江省，2019年3月，浙江省人民政府办公厅印发《关于浙江省政府部门绩效考核评价办法的通知》，此评价办法依据省政府部门依法履行职责、完成绩效目标、加强自身建设情况等重点考评内容，设置了行政业绩、行政质量、行政效率、政府公信力和满意度评价五个一级指标。每个一级指标下设若干二级指标，其中，行政业绩考评侧重从业务工作的维度，对省政府部门履行主要职责、落实重点工作情况进行绩效考评，包括部门重点工作和专项重点工作两个二级指标。行政质量、行政效率、政府公信力考评侧重从共性工作的维度，对省政府部门加强自身建设、提高行政效能情况进行绩效考评，行政质量包括创新创优、数字化转型以及标准化建设；行政效率包括督查效能、财政绩效、政务信息以及公文运转；政府公信力包括依法行政、政务公开、建议提案办理以及廉政建设。最后满意度评价侧重从主观感受的维度，对省政府部门全面履行职责、落实"两强三提高"要求情况进行满意指数评分或调查，包括省政府领导评价、"四办一院"评价、省政府部门互评、市县政府评价以及社会公众评价等二级指标。部分二级指标视情又设若干三级指标，以此形成省政府部门绩效考评的指标体系，每个具体指标明确考评牵头责任单位，并分别赋予相应分值。由此可见，浙江省政府绩效评估指标体系的构建不仅避免了片面强调经济效率等指标，而且更加注重服务质量等方面。

绩效评估是政府管理创新的重要制度保障。无论是立足国家全面落实"五位一体"总体布局的建设要求，还是着眼于东北老工业基地新一轮全面振兴的实际发展需要，政府绩效评估制度都应当不断完善其评估方法与评估指标体系，对政府领导地区经济建设、政治建设、文化建设、社会建设和生态文明建设做出综合考量，以此激励政府全面提升地区的发展水平，激励政府管理创新在各个领域迸发活力。

（4）科技创新管理制度效果微弱

科技创新是地区发展的重要驱动力。振兴东北老工业基地要立足创新驱动，大力鼓励科技创新，抢抓新旧动能转换机遇，发展新业态、新模式和新经济，给东北老工业基地的新一轮全面振兴增添希望和信心。东北的高等院校、科研院所很多，两院院士和各级各类人才并不少，科技创新能力很强，关键是如何制止人才流失，集聚人气，打破束缚，解放生产力，释放出全社会的巨大创造力。而要解决这一问题，必须依托完善的符合地区发展需要的科技创新管理制度。先进的科技创新管理制度将有助于政府在科技创新方面积极探索管理上的创新，从而促进地区科技发展，而落后僵化的科技创新管理制度则将成为制约政府探寻科技创新管理的主要因素，从而阻碍科技进步与经济发展。在本研究中，对我国科技发展水平较为先进的省、直辖市及省会城市包括江苏省、苏州市、上海市、杭州市、宁波市省、市两级的科学技术进步条例（或称科学技术奖励办法、科技创新促进条例）与东北老工业基地辽宁、吉林、黑龙江三省的科学技术进步条例的政策文本内容进行了详细的对比分析。结果表明，东北老工业基地关于科技创新的相关制度规定与江、浙、沪地区相比较呈现出较大差距。在尊重科学技术研究人才、科技创新奖励设置、科研活动的政策支持以及在对知识产权的保护等方面，江、浙、沪地区的省、市政府更加体现出尊重人才、爱护人才的基本态度，引进人才的条件优厚，为科技创新人才提供良好的科研及生活条件；并在科技创新奖的设置方面力度较大，能够对科技创新发挥较好的激励作用；且十分注重对科技创新活动中知识产权的保护，着力促进科技创新成果的转化，为地区营造了良好的科技创新的环境氛围。相比之下，东北三省的省、市科技创新管理政策呈现出一定的滞后性与僵化性，无法为地区科技创新管理提供良好的政策支撑。

在对比分析中发现，由于东北老工业基地相关科技创新管理制度的落后保守，无法为地方政府创新性开展科技创新的政府管理活动提供充足的制度空间。东北老工业基地地方政府很难在此种制度条件下，灵活地进行政策转化，难免在为地区营造良好的科技创新氛围、集聚科技人才方面出现乏力状况。政府管理创新涉及政府管理工作的各个层面、各个领域，科技创新管理工作亦是其中之一，科技创新管理制度的效果甚微、与地区发展实际需要相脱节，势必导致地方政府无法在科技创新领域创新性地开展各项管理工作。

（5）容错纠错机制不健全

随着我国全面深化改革进入深水区和攻坚期，各类问题与矛盾不断凸显与加剧，如何科学有效地认识问题与解决问题，需要我们及时建立起行之有效的容错纠错机制。容错纠错机制主要是针对干部队伍中存在"不作为、不会为、乱作为"或"不敢作为"的情况，要求政府在行政层面要存有宽容，建立容错机制，让干部"能作为、敢作为"。容错纠错机制就是给予改革者和创新者以鼓励和保障，让他们有一个兜底的保障，从而敢于改革及创新。

2016年《政府工作报告》提出要健全激励机制和容错纠错机制，给改革创新者撑腰鼓劲，让广大干部愿干事、敢干事、能干成事。2018年，中共中央办公厅印发了《关于进一步激励广大干部新时代新担当新作为的意见》，提出要全面落实习近平总书记关于"三个区分开来"的重要要求，宽容干部在工作中特别是改革创新中的失误错误，旗帜鲜明地为敢于担当的干部撑腰鼓劲。各级党委（党组）及纪检监察机关、组织部门等相关职能部门，要妥善把握事业为上、实事求是、依纪依法、容纠并举等原则，结合动机态度、客观条件、程序方法、性质程度、后果影响以及挽回损失等情况，对干部的失误错误进行综合分析，对该容的大胆容错，不该容的坚决不容；对给予容错的干部，考核考察要客观评价，选拔任用要公正合理。

2018年，《江苏省进一步健全容错纠错机制的办法》出台，该办法对容错纠错机制的适用范围作进一步拓展，明确容错纠错机制不仅适用于全省各级党政机关、国有企事业单位的干部，也适用于其他行使公权力的公职人员。《办法》进一步明确容错纠错中需要把握的具体问题，明确政策界限、规范实施程序，便于基层操作和实践。《办法》坚持严管和厚爱结合、激励和约束并重，旗帜鲜明地为敢于担当、踏实做事、不谋私利的干部撑腰鼓劲，形成允许改革有失误、但不允许不改革，允许创新有偏差、但不允许墨守成规，允许担当有过失、但不允许敷衍塞责的鲜明导向，进一步调动和保护全省广大干部干事创业的积极性、主动性、创造性，推动江苏高质量发展走在全国前列。而在对比分析中发现，东北老工业基地地方政府在健全容错纠错机制方面还存在两个方面的"不平衡"问题，首先，"容错"与"纠错"的不平衡，政府出台的容错纠错机制实施方案只讲"容错"，不讲"纠错"，或者讲得不到位，没有将容错和纠错很好地统一起来；其次，"喊口号"与"实践性"的不平衡，目前东北地区部分地方政府出台的容错纠错实施措施，政治宣誓的意味强，实践的功能弱，并没有实事求是地考虑适合本地实际情况的容错纠错机制，没有将本地区本领域发展过程中的主要任务、主要矛盾和干部队伍的实际状况与容错纠错机制有效结合。因此，这些地方政府制定的容错纠错机制实施办法同质化倾向明显，可操作性不强。东北老工业基地容错纠错机制的不健全严重影响了政府管理创新，使政府管理者"不敢创新""不会创新"。

3. 东北老工业基地政府管理创新的行为落实困难

行为落实是东北老工业基地政府管理创新的"最后一公里"，利益集团的根深蒂固、人情关系的错综复杂、对于现实情况的把控不足以及能力上的有所欠缺，最终导致了东北老工业基地政府管理创新的行为落实困难，政府管理创新工作未能达到预期的目标与效果。

（1）利益集团阻碍

东北老工业基地是我国资源型城市分布较广的区域之一，工业结构单一，"原"字号、"初"字号产品居多。与江、浙、沪地区相比，东北老工业基地的钢铁、煤炭、石油等相关国有企业所占比重较大，形成了根系庞大、关系纵横的利益集团组织，利益格局错综复杂。东北老工业基地地方政府长期与社会活动中的各种利益群体打交道，容易被自己所管理的利益群体所"俘获"，使自己不知不觉地从利益群体的角度出发制定政策与执行政策，在政府管理活动中丧失公共管理者的公正性与客观性。进行政府管理创新，旨在提升地方政府的管理能力与水平，推动地方政府由管制型、人治型政府向服务型、法治型政府转变，提高政府管理的科学性与公众性。出于维护自身利益的考量，东北老工业基地在长期发展历史中形成的利益组织抗拒打破长久以来形成的利益格局，对于政府管理的创新发挥了较大的阻碍作用，成为阻碍政府管理创新行为落实的主要制约因素之一。此外，当前"经济新常态"、"一带一路"建设、新工业革命、国际运输线等给东北发展带来重大机遇。在新形势下，各利益组织必然会向地方政府积极争取有利于自身发展的政策倾斜，为东北老工业基地政府管理创新的科学性、公正性带来了潜在风险。

相较之下，江苏、浙江和上海等地推行社会主义市场经济时间较长，市场主体发育日趋成熟，市场发展的公平性与公正性得到良好保障，利益组织众多，利益关系复杂的情况大幅减少。因此，在我国以江、浙、沪为代表的东部沿海发达地区政府管理创新活动的行为落实受到来自利益集团组织的阻碍力量较小，其公平公正的市场环境呼吁着政府管理创新的进一步推进与深化。

政府管理创新的行为落实不单单需要政府部门的狠抓推进，也需要来自众多参与力量的积极配合。无论是出于维护既有的利益格局，还是为了在新的发展机遇中争取利己的政策倾斜，利益组织的存在对于政府管理创新在落实层面具有重要影响。东北老工业基地政府管理创新的落实难很大程度在于利益组织阻碍这一重要影响因素。

（2）人情关系羁绊

由于不同的地理位置、资源禀赋与历史文化，东北老工业基地与江、浙、沪地区之间在社会形态上出现了较大差异。东北老工业基地的社会形态呈现出人情社会的突出特征，人们在处理各项事务时习惯性地对于人情关系有种依赖性与亲近性，喜欢通过人情关系的疏通运用达到办事目的。而在江、浙、沪地区，人们更加尊重规则，尊重事情发展的客观规律，相信市场自身的运行机理，更加注重追求公平与正义，社会形态中自然少了一些人情关系色彩。社会整体的形态特征将渗入到行政系统等各个领域，因此人情关系不可避免地在东北老工业基地的政府管理中产生了较大的影响作用。依法行政是现代政府进行管理时必须坚守的底线与原则，法治政府的建设需要依托政府管理创新，有效变革政府管理的方式和内容，将政府管理工作纳入法律法规及规章制度的硬性轨道，从而避免人情关系对政府管理的人为干扰。然而在东北老工业基地，人情关系不仅对政府管理产生一定的干扰，还对地方政府管理创新的行为落实产生一定的羁绊。

政府管理创新行为的落实是地方政府管理创新的"最后一公里"，直接关乎政府管理创新工作实效的取得，是最为关键的一环，人情关系毫无疑问成为落实道路上的拦路虎。人情关系的滥用终将导致行政管理权力的滥用，人情放水造成政策落实出现偏差。允许人情关系在政府管理创新中的存在，将间接地破坏政府管理创新的权威性与群众基础，最终丧失社会公众对于政府管理创新工作的支持与配合，使地方政府管理创新陷入执行难的尴尬局面。因此，东北老工业基地必须对其人情社会之下，人情关系对于地方政府管理创新工作的干扰引起重视，隔绝人情关系对于开展政府管理创新工作的各种羁绊。在正确的理念与完善的制度推动之下，彻底清除人情关系这一拦路虎，确保政府管理创新顺利走向落实，不因人情放水这一消极因素的影响而使政府管理创新的效果大打折扣。

（3）现实诊断偏差

准确诊断现实是做出正确行为判断与选择的基础。进行地方政府管理创新需要以地区现实发展需求为基准，准确把握政府管理创新的方向，合理地、科学地开展实施政府管理创新工作。进行政府管理创新的现实需求是开启政府管理创新行为的动力机制。纵观东北老工业基地政府管理创新不足的表现，对现实社会和公民对于政府管理创新需求把握的不准确成为造成政府管理创新落实困难的内在原因之一。

政府管理创新是否符合公民与社会主体的发展需要，决定了公民与社会主体对于政府管理创新的态度与反应。公民与社会主体乐于接受有助于优化政府管理方式与效率、提升政府公共服务水平与质量的政府管理创新活动。一旦进行政府管理创新的前期调研出现差错，在错误的现实诊断之下，带来低效甚至是无效的政府管理创新，那么地方政府在创新行为落实中将遭受到来自公民和社会主体的反对与抵抗，直至地方政府对于政府管理创新活动进行修正，重回正确轨道。虽然改革开放已经四十余年，但东北老工业基地地方政府管理体制改革远未到位，受计划经济影响较深，政府"管理"经济的色彩比较浓厚，难以适应"市场决定"下的经济新常态、新形势。特别是东北老工业基地地方政府职责不清晰，面对经济新常态、新形势，准确诊断现实，全面推进政府管理创新比较困难。加之地方政府责任体系不健全，政府错误决策、不作为也得不到惩罚，因此在东北老工业基地政府管理创新中地方政府不作为、懒作为、乱作为的问题严重。从调研情况看，虽然振兴东北老工业基地进行政府管理创新宣传力度较大，但面对纷繁复杂的现实情况与各种主客观因素，地方政府管理创新的行为落实情况并不理想。东北老工业基地地方政府对新一轮振兴中对于政府管理现实需要把握的偏颇，削弱了政府管理创新的实际效果。反观江、浙、沪等地区，其地方政府在进行政府管理创新过程中重视对地区现实发展需求的把握，通过座谈会、网络调查等各种形式了解企业与社会公众对政府管理创新的需求。例如，2020年12月10日，在由上海市智慧城市建设领导小组办公室、上海市经济和信息化委员会指导，中国联合网络通信有限公司、上海智慧城市发展研究院联合主办的"2020上海智慧城市合作大会"上，上海智慧城市"十四五"规划市民需求调研正式上线，此次调研通过网上问卷调查的形式，全面了解市民最亟待通过智能化手段解决的难题，以及市民对未来智慧生活的期望，通过广开言路，问计于民，倾听市民的声音，为上海"十四五"智慧城市规划与智慧城市管理创新融入更多市民智慧。

（4）创新能力欠佳

地方政府管理创新能力是决定政府管理创新进程与效果的直接因素。我国学术界根据省级地方政府管理创新能力的内涵及要求，构建了一套测度指标体系，通过考察政府信息公开、政府网站承办单位热线、政务信箱，测量地方政府自身管理创新能力，这几项指标权重占据省级地方政府管理创新能力20%的比重；通过网上居民办事、网上企业办事、社会管理创新数量、公民参与社会管理创新项数测量政府社会管理创新能力，这几项指标权重占据省级地方政府管理创新能力40%的比重；通过新型农村社会养老保险参保人数、城镇基本医疗保险参保人数、事业保险参保人数及保障房建设数量测量政府服务创新能力，这几项指标权重占据省级地方政府管理创新能力40%的比重。以上指标的原始数据来自各省级地方政府门户网站、"中国政府创新网"中的创新数据库、《中国统计年鉴2012》及政府相关部门发布的"2011年保障房各省情况汇总"。采用综合指数法测度分析后，2012年我国31个省级地方政府管理创新能力测量结果节选见表7。

测度结果表明，东北老工业基地黑龙江、吉林、辽宁三省与以江苏、浙江、上海为代表的东部地区在省级地方政府管理创新能力上存在明显差距，处于劣势，且低于全国平均水平。从政府自身管理创新能力、政府社会管

表7　2012年"省级地方政府管理创新能力"测度指标指数及排名节选

省级地方政府管理创新能力综合指数			政府自身管理创新能力（A₁）			政府社会管理创新能力（A₂）			政府服务创新能力(A₃)		
省份	指数	排名	省份	指数	排名	省份	指数	排名	省份	指数	排名
江苏	1.751	2	江苏	0.349	3	浙江	0.863	1	江苏	0.836	3
浙江	1.560	3	上海	0.279	6	江苏	0.567	5	浙江	0.557	5
上海	1.016	15	浙江	0.139	22	上海	0.440	12	上海	0.296	21
黑龙江	0.958	17	黑龙江	0.214	13	吉林	0.313	22	辽宁	0.455	11
辽宁	0.957	18	辽宁	0.194	14	辽宁	0.308	23	黑龙江	0.451	12
吉林	0.744	24	吉林	0.120	23	黑龙江	0.292	25	吉林	0.310	20
综合指数全国平均值 1.000			A₁全国平均值 0.200			A₂全国平均值 0.400			A₃全国平均值 0.400		

理创新能力及政府服务创新能力三个方面进行考量，黑龙江、吉林、辽宁三省的排名基本处于全国中下游，政府社会管理创新能力方面尤甚。这说明，在东北老工业基地政府管理创新中地方政府创新能力的欠佳造成了其先天不足，这一短板直接导致了东北老工业基地政府管理创新效果的不理想，是制约东北老工业基地政府管理创新水平与成效的直接影响因素。除此之外，在三大能力构成中，东北老工业基地三省的政府社会管理创新能力最为薄弱，排名处于全国末位，这表明政府社会管理创新能力是制约东北老工业基地三省政府管理创新能力的主要因素。由此观之，东北老工业基地地方政府管理创新进程步伐缓慢，创新能力欠佳是其不可忽视的消极影响因素之一。

综上，东北老工业基地政府管理创新存在较多不足之处，具体表现在：行政职能转变不到位（简政放权落实不力、政府监管随意性强、公共服务履职弱化）；行政方式因循守旧（人治色彩浓厚、技术应用落后）；管理机制运行不畅（机构改革尚未彻底、职能部门缺乏协同、系统运行有待整合）；管理流程设定不科学（公众参与不充分、权责划分不明确、监督检查不跟进）；政策法规泛化（忽视地域特色、政策转化不到位、政策配套相对滞后）等方面。而归结其原因，则体现在政府管理创新的理念引导不力（领导干部行政理念革新迟缓、基层行政人员创新意识匮乏、地域文化封闭保守制约创新、政府管理创新缺乏战略视野），政府管理创新的制度保障赢弱（权力责任清单制度贯彻不实、行政责任追究制度执行不力、政府绩效评估制度指标片面、科技创新管理制度效果微弱、容错纠错机制不健全），政府管理创新的行为落实困难（利益组织阻碍、人情关系羁绊、现实诊断偏差、创新能力欠佳）三方面。因此，需要从理念、制度、行为三个方面提出东北老工业基地政府管理创新的重点内容以及具体对策建议。

第五章　东北老工业基地
政府管理创新的重点内容

　　古语有云："穷则变，变则通，通则久。"纵观中国近代史，因循守旧、畏惧变革、与时代发展相脱节是中国发展由盛转衰的主要原因之一，为此，当前中国需要全面推进改革创新，为实现中华民族的伟大复兴积蓄能量、增添活力。创新是一个民族兴旺发达的不竭动力和源泉，是一个民族生生不息持续发展的有力保障。政府作为公共政策的制定者和公共权力的行使者，在国家、地区治理和社会发展进程中占据着举足轻重的地位，在政府工作报告中更是明确提出，我国政府承担着经济调节、市场监管、社会管理和公共服务的基本职能，各级政府的履职情况和运行状态与治理体系和治理能力的提升、经济的进步和腾飞、社会的稳定和团结以及人民幸福息息相关。因此，在东北老工业基地振兴的关键期，地方政府务必要以更大的勇气促进改革的全面运行，敢于涉险闯难，从自身出发，以政府管理创新为出发点和落脚点，为东北老工业基地的全面发展和振兴添动力、增活力。东北老工业基地政府管理创新的内容主要围绕理念、制度和行为三个层次展开，以理念创新为先导，以制度创新为保障，以行为创新为路径，在当前语境下，需使理念—制度—行为三管齐下、齐头并进，并以此为基础做好三层次间的有效对接与顺承，实现理念创新、制度创新和行为创新在东北老工业基地振兴进程中的推动性作用。此外，在党的十八大报告中，为保证中国特色社会主义事业的有序推进，在坚持"四位一体"总体布局的基础上加入了生态文明建设的部分，形成了建设"五位一体"总体布局的新提法，即"全面落实经济建设、政治建设、文化建设、社会建设、生态文明建设五位一体总体布局"，东北老工业基地振兴不是单指经济或某一具体领域的振兴，而是涉猎多层面和多维度的全方位、系统性振兴，因此，在东北老工业基地政府管理创新中，无论是理念创新、制度创新还是行为创新，均需要以经济、政治、文化、社会和生态文明五方面为依托，实现政府管理的全面创新，从而为东北老工业基地的全方位振兴提供助力和支持。

一、革故鼎新树立先进的政府管理创新理念

理念创新是指革除旧有的既定看法和思维模式，以新的视角、新的方法和新的思维模式，形成新的结论或思想观点，进而用于指导新的实践过程。理念创新具有客观深刻性、继承稳定性、超越突破性以及动态发展性等特点，理念创新是实现东北老工业基地政府管理创新的先导，东北老工业基地地方政府须以营商理念、行政理念、文化理念、发展理念和生态理念五个方面为基本着力点，不断革故鼎新，树立先进的政府管理创新理念，切实发挥理念创新的先导作用，从而在理念上为东北老工业基地的政府管理创新提供助力，促进东北老工业基地全面振兴与高质量发展。

1. 打造重商护商的营商理念

"重商"一词，曾于16世纪中叶出现在西方国家之中。15世纪以来，西欧国家中世纪的黑暗时代渐渐淡去，适逢国家由封建体制转向资本主义的过渡时期，西欧国家的封建国家体制正逐步瓦解，取而代之的是资本主义即将登上历史舞台，开始进行资本的原始积累，正是基于如此境况下，"重商"一词应运而生，以商业为本的重商主义也由此成为西方资产阶级最初的经济

理论，并为西欧国家所普遍推崇和奉行，风靡一时。但本研究中所提及的"重商"一词不同于16世纪中叶所提出的重商主义，16世纪中叶的重商主义是以零和博弈为其理论前提的，认为国际贸易是利益相关方之间的零和博弈事件，但本研究中的重商是以互利共赢为前提的，是利益相关方的非零和博弈事件。

东北老工业基地是最早进入、最迟退出计划经济体制的地区，深受计划经济体制的影响，尤其在营商理念方面，具有浓厚的计划经济色彩。在历史的积淀下，东北老工业基地地方政府受到全能型政府理念的制约，倾向于树立事无巨细、抓全面的政府形象，未能切实、准确地意识到市场在资源配置中的主导性与决定性作用，政府组织一度成为经济发展的行为主体，以致营商理念畸形发展。长期以来，唱衰东北老工业基地的声音层出不穷，东北新现象日益突出，以致投资者对东北老工业基地的投资行为望而却步，由此呈现出"投资不过山海关"的行为趋向。正是基于如此境况，东北老工业基地地方政府喊出了"全力营造国际化的营商环境"的口号，试图以此改善东北老工业基地在营商环境中所面临的困境与抵牾，因此，打造重商护商的营商理念便成为营造国际化营商环境的航标与方向。

全力打造重商护商的营商理念是东北老工业基地政府管理理念创新的重要组成部分，更是东北老工业基地振兴进程中不可或缺的环节。在打造重商护商的营商理念中，重商，顾名思义，即是重视商业，不仅重视GDP的经济发展总量，而且重视商业在社会发展中的重要地位，时刻秉持重商的营商理念，为商业的发展提供一个宽松且优渥的环境。中国是一个具有悠久历史文化传统的大国，拥有着古老而灿烂的中华文明，产生了具有中国特色的文化精髓，并将文化中的精髓延续至今。自古以来，中国便是一个等级森严的国家，形成了明确的阶层划分，即由高至低依次排列为士、农、工、商，在将文化中的精华与精髓延续的同时，也将森严的阶层等级传统延续至今，且在东北老工业基地表现得尤为突出。在经济基础决定上层建筑的理论指导下，东北老工业基地地方政府必须摆脱传统文化的思维惯性，认识到商业在现代化发展中的重要地位和作用，森严的等级位阶不可延续，要对"士、农、工、商"各阶层一视同仁，尤其是在东北老工业基地尚未实现振兴的紧要关头，商业的关键性作用更是显而易见。与此同时，东北老工业基地地方政府须注意对重商尺度的把握，对商业的重视也不可过度，切忌矫枉过正，步入极端。政府在履行经济职能的同时，也包括政治职能、文化职能以及社会职能，东北老工业基地的振兴是经济、政治、文化、社会、生态等方面的全方位振兴，东北老工业基地地方政府须以全方位的振兴东北老工业基地为己任，履行好地方政府的经济、政治、文化以及社会的多方面职能，坚决抵制经济职能的一枝独秀现象。

在打造重商护商的营商理念中，护商，顾名思义，即是保护商业，使其免受其他外在因素的干扰和不合理因素的侵害，尤其是在民营经济的发展和本地政府的招商引资方面。一方面，东北老工业基地的国有企业比重相对较大，长期以来，各级地方政府肩负着发展国有企业、搞活国有经济的重任，以致东北老工业基地地方政府在经济政策、宏观调控等方面会向国有企业有所倾斜，不断压缩民营经济的发展空间，使得东北老工业基地的民营经济发展缺乏政府支持。因此，东北老工业基地地方政府须形成护商的营商理念，扩充东北老工业基地民营经济的发展空间，激发民营经济的发展活力，从而实现民营经济的全面发展。另一方面，在东北老工业基地尚未振兴的境遇下，东北老工业基地地方政府积极进行招商引资，试图以此扭转经济衰颓的困局，摆脱GDP排名下滑的窘境。但由于护商的营商理念的缺失，东北老工业基地地方政府对引进商业的保护圈尚未真正形成，催生了"投资不过山海关"的尴尬局面，以致唱衰东北的声音层出不穷，东北现象凸显。因此，东北老工业基地地方政府须在护商的营商理念指导下，努力打造商业保护圈，为商业发展营造良好的政治和社会生态，以此吸引国内外商业投资主体在东北老工业基地落地生根。

综上所述，所谓重商护商的营商理念是指东北老工业基地地方政府须重视商业发展，爱护商业，不偏不倚，秉持公正，促进既亲又清的政商关系的形成，实现国内贸易、国际贸易以及各产业间的互利共赢、协同发展。为此，东北老工业基地地方政府须通过政府管理理念创新，打造重商护商的营商理念，发挥重商护商的营商理念在经济建设中的先导作用，助力东北老工业基地全面振兴。

2. 秉持服务为先的行政理念

我国是人民民主专政的社会主义国家，人民代表大会是国家权力机关，政府为国家行政机关，其中国务院是我国最高国家行政机关，各级地方政府为地方行政机关，条块相连分布，从条上看，可分为教育部门、财政部门、卫生部门等诸多业务内容性质相同的职能部门，从块上看，可分为省、市、县、乡各层级政府组织。针对东北老工业基地而言，在纵向上主要包括黑龙江省、吉林省、辽宁省以及其所覆盖的各市级、县级、乡级的教育部门、财政部门和卫生部门等，如辽宁省教育厅、沈阳市教育局、和平区教育局等。在横向上主要包括黑龙江省、吉林省、辽宁省的省级人民政府，以及在三省辖区内的各市级、县级、乡级人民政府。行政理念是指政府机关在运用行政权力和履行行政职能时所秉持的宗旨和意识。自党的十六届六中全会以来，从中央至地方提出了构建服务型政府的口号，全力打造政府机关的人民公仆形象。但是自古以来，中国便拥有崇尚权力与迷信权威的文化传统，且在东北老工业基地尤为突出，学而优则仕的观念便是其中的典型例证。在权力与等级位阶的驱动下，也使得权力的持有者与权力的服从者形成了不同的思维观念与行为趋向，权力持有者相对缺乏公共精神与服务意识，未能形成服务为先的行政理念，模糊公权与私权的界限，易于滥用权力，将公共权力沦为行政人员谋取私利的工具；与此同时，迫于权力与等级制的压力，权力的服从者倾向于选择被动接受，由此逐步形成了服从性的文化氛围，使得公民群体未能在行政人员的履职进程中发挥其监督义务。秉持服务为先的行政理念是建设服务型政府的前提与基础，在计划经济时代，东北老工业基地地方政府肩负搞活地方经济的重任，将其绝大部分精力投入经济建设之中，而未能意识到服务理念的重要性与必要性，缺乏人民公仆的工作作风，以致地方政府的公共服务供给工作一直处于较为薄弱的环节。正是基于如此境况，在东北老工业基地振兴进程中，地方政府须秉持服务为先的行政理念，促进东北老工业基地的服务型政府建设。

在全面推行"放、管、服"改革的背景下，简政放权、放管结合和优化服务成为东北老工业基地地方政府职能转变的重要抓手，其中的优化服务更是全面深化改革的灵魂所在，通过"放""管""服"的有机配合，三管齐下，协同共进，助推东北老工业基地的振兴与发展。因此，秉持服务为先的行政理念在东北老工业基地地方政府管理创新中的重要性已不言而喻。坚决秉持服务为先的行政理念不仅可以促进东北老工业基地地方政府公信力的提升，而且使得公民群体可以积极响应、配合地方政府的相关政策，有助于东北老工业基地地方政府各项工作的有序推进。服务为先的行政理念可以使东北老工业基地地方政府出台以便民、利民、惠民为宗旨和准则的公共政策，可以使公民群体意识到东北老工业基地的地方政府是坚持为民服务的好政府，从而使得公民群体勤于参与东北老工业基地地方政府相关政策的发布与出台，乐于配合东北老工业基地地方政府各项工作的实施与推进。

总而言之，坚决秉持服务为先的行政理念是东北老工业基地政府管理理念创新的重要组成部分，更是东北老工业基地振兴进程中不可或缺的环节。为此，东北老工业基地地方政府须通过政府管理理念创新，秉持服务为先的行政理念，发挥服务为先的行政理念在政治建设中的先导作用，为东北老工业基地振兴奠定理念基础。

3. 树立改革图变的文化理念

文化是一个国家与民族的灵魂，是国家与民族的特色之所在。广义的文化既包括精神文明也包括物质文明，而本文中所提及的文化是狭义的，主要指精神文明层面，是凝结在人类生产活动中的精神与动力。自新中国成立以来，在东北老工业基地的发展进程中，也形成了根植于物质文明中的精神文明和文化理念，如铁人精神、大庆精神等，都是东北老工业基地在文化发展中的核心内核与精髓所在。所谓树立改革图变的文化理念便是指要树立起求创新、求改革、求变化和求发展的文化理念。根据马克思主义哲学可知，矛盾无时不有、无处不在，贯穿事物发展始终，在具有普遍性的同时更具有特殊性，面对不同的时间、地点、情景，须具体问题具体分析，文化更是如此。根据社会的变迁和时代的更迭，文化发展的环境与土壤也发生了转变，因循守旧、抱残守缺的文化理念无法适应现代化的发展需求，因此，在推进东北老工业基地全面振兴的背景下，东北老工业基地地方政府需将文化理念创新作为促进政府管理创新的有力抓手，梳理改革图变的文化理念，不断地革故鼎新、与时俱进，针对既有的传统文化要取其精华、去其糟粕，并为其适当添加与时代的变化与发展演进相关的合理元素与内核，以改革图变的文化理念提升文化发展的先进性和科学性，从而使其成为适应时代的发展潮流、引领时代发展前沿的先进文化。

中华民族的文化博大精深、源远流长，文化更是会对人的理念、行为等产生潜移默化与深远持久的影响，尤其是在东北老工业基地这个文化理念相对保守的地区，通过历史的冲刷与积淀，东北老工业基地同中国的其他地区一样，形成别具一格且具有东北特色的东北地域文化，其中不乏直爽豪迈、重情重义等优秀的文化精髓，但是同样东北地域文化中的保守性与墨守成规的特性依旧不容忽视。为了东北老工业基地政府管理创新的有序推进，为了东北老工业基地的振兴与发展，东北老工业基地地方政府亟须树立起改革突变的文化理念。如果锐意改革为区域文化的主旋律，那么受到锐意改革的文化理念的渲染和影响，以"创新"为主的文化元素和理念便会充斥于本区域公民的生活与工作中，使其生活与工作充满革新力与创造力，并通过新思路、新方法和新举措增强生活的幸福指数、提升工作绩效；反之，如果保守求稳为区域文化的主旋律，那么受到保守求稳的文化理念的熏陶和感染，以"守旧"为主的文化元素和理念便会弥漫于本区域公民的生活与工作中，使其生活与工作充满规行矩步与墨守成规，最终演变成一味求稳，习惯于沿袭前人的脚步，"不求有功，但求无过"的消极态度。"无规矩不成方圆"中所述的规矩是粗略的条框与底线，而非抑制创新与变革的牢笼，如果抱残守缺、死守规定，那么便会与规矩设立之初衷背道而驰。虽然与创新相比，守旧的成本相对较低，但是创新所带来的收益与效用也是守旧所不可比拟的。创新是发展与前进的驱动力，只有变化才能发展，只有改革才能进步，墨守成规的结果只能是一成不变与原地踏步。

总之，牢固树立改革图变的文化理念是东北老工业基地政府管理理念创新的重要组成部分，更是东北老工业基地振兴进程中不可或缺的环节。东北老工业基地地方政府须通过政府管理理念创新，树立改革图变的文化理念，发挥改革图变的文化理念在文化建设中的先导作用，以此襄助东北老工业基地振兴。

4. 坚持以民为本的发展理念

以民为本，是将人民视为国家之根本的思想，是与官本位相对应的民本位思想，即一切为了人民，一切依靠人民，发展成果由人民共享。这不仅与现代化的社会发展相适应，而且与我国古代先贤所提倡的治国理念相吻合。中国古代的亚圣孟子便提出了民本思想，即"民为贵、社稷次之、君为轻"，在封建专制和中央集权的背景下，先贤孟子便已认识到人民群众具有超越于江山社稷和封建君王的重要地位与作用，这于当时的时代而言，是超越于时代发展的先进理念。在唐朝的"贞观之治"时代，唐太宗李世民也提出"水能载舟，亦能覆舟"的论述，具体言之，唐太宗李世民将人民群众比作水，将封建统治者比作船，水既可以使船只安稳行驶，将船只顺利地送达彼岸，又可将船只打翻吞没，使其沉溺于水中，类比至人民群众和统治者也是如出一辙，人民群众既可以拥护统治者，与之高度配合，也可以揭竿起义，建立新朝，促进王朝更迭。封建社会中的陈胜和吴广大泽乡起义、汉朝的绿林农民起义、赤眉农民起义、黄巾农民起义等，便是"水能载舟、亦能覆舟"的典型例证。进入新时代，中国共产党人从传统的民本思想汲取智慧，并将其付诸实践。习近平总书记曾深刻指出，人民群众对我们拥护不拥护、支持不支持、满意不满意，不仅要看我们是怎么说的，更要看我们是怎么做的。在经济腾飞、社会进步的当今社会要延续历史传统中的文化精髓，将以民为本的发展理念贯穿政府发展的始终。

在1949年中华人民共和国成立前，中国主要经历了原始社会时期、奴隶社会时期、封建社会时期和半殖民地半封建时期四个社会发展阶段，暂时忽略发展相对迟滞、生活方式相对缓慢的原始社会时期，其中封建社会时期是中华民族经历的相对较长的阶段，在产生民本思想的同时，也产生了影响更为深远且与之相对应的官本位思想。官本位思想作为封建王朝下的衍生品，并未随着王朝的消失和社会性质的更迭而发生本质上的转变，依旧如烙印般留存于每个个体行为人的思想中，且在东北老工业基地显现得尤为突出，集中表现为权威崇拜泛化、公共权力泛化和等级特权强化，迷信权威、依赖权威、畏惧权威，对权威的力量过度推崇，注重等级位阶与特权意识，并逐步模糊公权与私权的界限，使公共权力带有私利性倾向。为此，在东北老工业基地发展和振兴的关键期，东北老工业基地地方政府须坚持以民为本的服务理念，将民视为国之根本，行政人员需全心全意为人民服务，把公民的利益放在首位，以最广大人民的利益为重，以最广大人民的利益为先。贯彻以民为本的发展理念，使东北老工业基地地方政府所出台的公共政策能够尽可能地以人民群众的发展为依归，促进社会的团结、和谐与稳定。

总而言之，全面坚持以民为本的发展理念是东北老工业基地政府管理理念创新的重要组成部分，更是东北老工业基地振兴进程中不可或缺的环节。东北老工业基地地方政府须通过政府管理理念创新，坚持以民为本的发展理念，发挥以民为本的发展理念在社会建设中的先导作用，唯此才能有效推动东北老工业基地全面发展与振兴。

5. 奉行绿色协调的生态理念

在党的十八大召开以前，我国长期奉行政治、经济、文化和社会建设的四位一体方针，党的十八大以来，将生态问题逐步提上议事日程，并在原有四位一体的基础上增添了生态文明建设，形成了五位一体的方针政策。在党的十八届中央委员会第五次全体会议提出创新、协调、绿色、开放、共享的五大发展理念之后，已明确将绿色和协调作为五大发展理念之一。其中绿色是指无污染的、有助于美化环境的生态理念，如绿色革命、绿色计划、绿色投资等中的绿色均包含此内涵。所谓协调，一方面指人与自然的和谐共生，不可用人定胜天的理念对自然进行人为性的破坏，须遵守自然发展的客观规律，坚决抵制以对人类的利弊作为价值判据的人类中心主义论调。另一方面是指代际之间的可协调，不可以牺牲子孙后代的利益来满足当代人的需求，需要保证发展的可持续性。2017年10月18日，习近平总书记在党的十九大报告中指出，坚持人与自然和谐共生，必须树立和践行"绿水青山就是金山

银山"的理念，坚持节约资源和保护环境的基本国策。2020年党的十九届
五中全会再次明确提出要坚持绿水青山就是金山银山理念，坚持尊重自然、
顺应自然、保护自然，坚持节约优先、保护优先、自然恢复为主，守住自然
生态安全边界。深入实施可持续发展战略，完善生态文明领域统筹协调机
制，构建生态文明体系，促进经济社会发展全面绿色转型，建设人与自然和
谐共生的现代化。要加快推动绿色低碳发展，持续改善环境质量，提升生态
系统质量和稳定性，全面提高资源利用效率。在全国性推进生态文明建设的
背景下，东北老工业基地地方政府须创新生态理念，奉行绿色协调的生态理
念，促进东北老工业基地的生态文明建设，助推东北老工业基地振兴。

　　在新中国成立初期，我国的经济发展相对滞后，东北老工业基地作为共
和国的长子，需基于现有的矿产资源大力发展重工业，以促进经济总量的发
展与飞跃。正是基于当时的特定情形与背景，东北老工业基地地方政府需要
走"先污染后治理"的路径。但伴随着经济的发展和社会的进步，人类对生
态环境的要求越来越高。然而，由于在发展前期是以生态环境为代价而换取
的经济利益，因此近年来东北老工业基地的生态环境也是每况愈下，生态污
染问题较为严重。正是基于如此境遇，东北老工业基地地方政府须推进生态
理念创新，奉行绿色协调的生态理念，加大力度治理东北老工业基地面临的
各类环境问题，为东北老工业基地的发展与振兴营造一个良好的生态环境。
奉行绿色协调的生态理念可以使地方政府的行政人员意识到生态环境的重要
性，从而使得东北老工业基地地方政府的行政人员注重其在日常工作中的环
境保护问题，并使此种绿色协调的生态理念感染着每一位公民，共同促进东
北老工业基地的生态文明建设，形成保护环境人人有责的氛围。人并非地球
的绝对主宰者，人类不可以对大自然所赋予的资源和物产进行肆意的改造和
开发，不应该以人类的个人意志为转移，应该顺应自然发展的客观规律。

　　总而言之，坚持奉行绿色协调的生态理念是东北老工业基地政府管理理

念创新的重要组成部分，更是东北老工业基地振兴进程中不可或缺的环节。东北老工业基地地方政府须通过政府管理理念创新，奉行绿色协调的生态理念，发挥绿色协调的生态理念在生态文明建设中的先导性作用，助力东北老工业基地振兴。

二、与时俱进制定科学的政府管理创新制度

制度创新的核心内容是社会政治、经济和管理等制度的革新，是支配人们行为和相互关系的规则的变更，是组织与其外部环境相互关系的变更，其直接结果是激发人们的创造性和积极性，促使不断创造新的知识和社会资源的合理配置及社会财富源源不断地涌现，最终推动社会的进步。邓小平同志说："改革是中国的第二次革命。"改革不是细枝末节的修剪，而是对原有制度、体制的根本性变革，改革主要是改制度。根本性变革必然要求以制度创新作为最高形式，改革的过程归根结底是制度创新的过程。全面深化改革就是针对影响发展全局的深层次矛盾和问题，以及国家创新体系中存在的结构性和机制性问题，努力建立一个既能够发挥市场配置资源的基础性作用，又能够提升国家在科技领域的有效动员能力，既能够激发创新行为主体自身活力，又能够实现系统各部分有效整合的新型国家创新体系。而对于地方政府管理创新，制度创新也起着尤为重要的作用，制度创新是实现东北老工业基地政府管理创新的保障。东北老工业基地地方政府须以商事登记制度、行政问责制度、文化服务管理制度、社会保障制度和环境保护管理制度五个方面为出发点和落脚点，将深化改革商事登记制度、着力推进行政问责制度、强化文化服务管理制度、加快完善社会保障制度以及落实环境保护管理制度作为政府管理创新的重点内容，不断与时俱进，制定科学的政府管理创新制度，切实发挥制度创新的保障作用，从而在制度上为东北老工业基地的政府管理创新提供助力，促进东北老工业基地的全面振兴与发展。

1. 深化改革商事登记制度

商事登记制度是指商事主体或商事主体的筹办人，为设立、变更或终止其主体资格，依照商事登记法规定的内容和程序，向登记机关提出申请，经登记主管机关审查核准，并将登记事项记载于登记簿的法律行为的相关制度[①]，商事登记制度是社会主义市场经济体系的重要组成部分。但中国的商事登记制度生成于计划经济体制时代，带有浓厚的计划经济色彩，不利于市场在资源配置中作用的发挥，这在最早进入、最晚退出计划经济体制的东北老工业基地尤甚。为此，在推进政府管理制度创新的过程中，东北老工业基地地方政府需以深化改革商事登记制度为主要内容之一，切实发挥制度创新的保障性作用，以促进东北老工业基地的振兴与发展。

在党的十八届三中全会召开前，中国各级政府长期奉行市场在资源配置中起基础性作用的政策与方针，党的十八届三中全会通过了《中共中央关于全面深化改革若干重大问题的决定》，该决定明确提出要处理好市场与政府的关系，使市场在资源配置中起决定性作用和更好发挥政府作用。由此可以看出，一方面，伴随着多元治理理论的兴起，强调社会治理应该由多元主体共同完成，市场与政府是可以有效促进经济发展的两只重要推手，市场即为无形之手，政府即为有形之手，无论是市场调节还是政府调控其核心目标均为促进地区经济的长足进步和平稳运行，且在其运行过程中市场调节与政府调控具有互补性的行为特质，换言之，政府的宏观调控可以弥补经济运行过程中所出现的市场失灵现象；反之，市场调节也可以弥补经济运行过程中出现的政府失灵现象，只有将市场调节和政府调控相结合，通过无形之手和有形之手的双重力量，方可实现东北老工业基地市场秩序的有序推进，促进东

---

①艾琳，王刚.商事登记制度改革的行政审批视角解析[J].中国行政管理，2014(1):19-25.

北老工业基地的振兴。另一方面市场在资源配置中的作用由基础性作用跃升至决定性作用，体现了市场中的自由意识与竞争意识已逐步增强，东北老工业基地地方政府须明确自身的职能定位，将其权力运行限制在宏观经济领域中，而非直接参与微观的生产经营活动。通过深化改革商事登记制度，可以有效地减少政府干预，在为企业松绑的同时，更为政府解绑，使东北老工业基地地方政府更多地承担监管职能，更好地发挥市场的作用与功效。商事登记制度改革是要把政府原来"不应该去管"的事情都交给企业自身，政府通过建立严格的企业信息库、经济复核信息库，对违法企业以警告、列入黑名单直至取消违法企业营业执照的方式进行处理。但这种过度依赖信用体系、依靠企业自律的信用监管手段可能与东北老工业基地现有的经济秩序还不相适应。以无照经营为例，目前东北部分地区无照经营情况还较为普遍，要想从现有的"无照"信用等级升华到信用监管中的企业自律等级，将会有大量经营者被"刷黑"，同时，还会存在对被取消经营资格的经营者是否会造成新一轮的无照经营违法行为等估计不足。此外，2016年10月18日，李克强总理在国务院振兴东北地区等老工业基地推进会议上提出，"我听东北一些企业家讲，现在想在东北搞一个项目，仍需盖200多个章，没有几百天根本办不成"。在全面推进行政体制改革并以"放管服"为主要抓手的背景下，东北老工业基地需要通过深化改革商事登记制度以简便经商的行政手续，并以此为突破口，促进国际化营商环境的形成，通过开放的大门，使东北老工业基地成为富有吸引力的投资目的地。

总而言之，深化改革商事登记制度是东北老工业基地政府管理制度创新的重要组成部分，更是东北老工业基地振兴进程中不可或缺的环节。东北老工业基地地方政府须通过政府管理制度创新，深化改革商事登记制度，发挥商事登记制度在经济建设中的保障作用，助力东北老工业基地振兴。

2.着力推进行政问责制度

卢梭曾说过，人人生而自由，而又无往不在枷锁之中，个体行为人所享有的自由是相对的自由，而非绝对的，是有限的自由，是需要遵循一定行为准则的，具有行为底线的自由，行政人员更是如此，行政人员作为社会群体中的先进力量，并代表公民行使公共权力，故而行政人员自由的有限性更是不言自明，须时刻明确行为准则与行为底线，如果对行政人员的权力行使过程不加以限制，听之、任之，便会易于产生公权滥用等违规现象。此外，孟德斯鸠针对权力问题提出，绝对的权力导致绝对的腐败，权力是腐败的根源，行政人员代表公民行使公共权力，是公共权力的实际运用者和行使者，应增强对行政人员在权力行使方面的约束性，使其无论何时何地都能做到以公民意志为先，提升行政人员行使公共权力的规范性和科学性。故而，在通过提高行政人员的道德修养和行政素养来促进其自我约束的同时，东北老工业基地地方政府也须进行制度创新，着力推进行政问责制度，通过制度加以约束，将权力关进制度的牢笼里，这不仅有助于规范东北老工业基地地方政府行政人员的行为，而且有益于提升行政体制机制的系统性与全面性。

公共政策的环节和程序主要包括政策议程设置、政策制定、政策执行和政策评估四个环节，其中政策评估是公共政策运行中较为重要的环节，东北老工业基地地方政府可通过政策评估环节揭露公共政策的优势和短板，从而对现有公共政策文本进行有针对性的调整和修改，以此保证在保存并发展现有优势的基础上弥补短板，提升公共政策的实效性。但在当前公共政策的运行机制中，公共政策评估仍属于相对薄弱的环节，未能发挥其应有的地位和作用。与公共政策的评估同样，行政问责制度便相当于公共权力运行中的评估环节，通过对既有公共权力运行过程的评估，适时进行调整和转变，从而提升公共权力运行的科学性和规范性。具体来说，行政问责制是指一级政府对现任该级政府负责人、该级政府所属各工作部门和下级政府主要负责人在所管辖的部门和工作范围内由于故意或者过失，不履行或者未正确履行法定职责，以致影响行政秩序和行政效率，贻误行政工作，或者损害行政管理相对人的合法权益，给行政机关造成不良影响和后果的行为，进行内部监督和责任追究的制度，推进行政问责制对于我国构建社会主义和谐社会，推进法治政府、责任政府、服务型政府的实现具有重大意义。此外，根据破窗理论可知，如果首次的非正义行为未能获得及时、有效的制止，那么首次的非正义行为就会成为行为恶化的起点，随着时间的推移，非正义行为便会得到潜滋暗长。行政人员对公共权力的行使也是如此，如果行政人员在最初出现滥用权力、谋取私利等行为时未能通过行政问责制度对其进行有效制止，那么随之而来的滥用权力、谋取私利等现象必然会愈加严重，最终便会如破窗理论般一发不可收拾。由此可见，着力推进行政问责制度势在必行，必须做到有权必有责，滥权必追责。

总而言之，着力推进行政问责制度是东北老工业基地政府管理制度创新的重要组成部分，更是东北老工业基地振兴进程中不可或缺的环节。东北老工业基地地方政府须通过政府管理制度创新，着力推进行政问责制度，发挥行政问责制度在政治建设中的保障作用，助力东北老工业基地振兴。

3. 强化文化服务管理制度

近年来，中国在国际舞台上持有更多的话语权，国际影响力也出现显著提升，归根结底，是因为中国的综合国力显著增强，突出表现在硬实力和软实力两方面。顾名思义，硬实力是指可视化的物质力量，是具有支配性的有形载体，主要包括人口、自然资源、经济力量、军事力量、社会基础设施建设等；而软实力则截然相反，软实力一词的最初提出者是美国哈佛大学的教授约瑟夫·奈，其含义是指非可视化的非物质化力量，是无形的延伸，主要包括文化、价值观念、道德素养等，且文化软实力是其核心因素。虽然无论是硬实力还是软实力对于一个国家和地区的发展而言都异常重要，但是硬实力是看得见、摸得着的可视化实力。长期以来，诸多国家地区均致力于此，软实力则曾被忽视，是近年来才逐步引起关注和重视的，且与硬实力相比，软实力可以对人产生潜移默化和深远持久的影响，因此一个国家和地区在发展的过程中，不仅要注重硬实力的发展，更要注重软实力的发展。正如约瑟夫·奈所言，硬实力和软实力同样重要，但在信息时代，软实力正变得比以往更加突出，其超越时空的传导性对人类的生活方式和行为准则产生巨大的影响。①在中国，从党的十七大提出推动"文化大发展大繁荣"到党的十八大明确"建设文化强国"，再到党的十九大强调要"坚定文化自信"，文化在国民经济与社会发展中的重要性日益提升，党的十九大报告更是强调指出，推进国际传播能力建设，讲好中国故事，展现真实、立体、全面的中国，提高国家文化软实力。

东北老工业基地的振兴之路也是如此，不是单指哪一方面的振兴，而是各领域的全面振兴，更不是单指硬实力的提升，而是硬实力和软实力的全面提升。立足东北老工业基地发展现实，东北老工业基地地方政府须切实履行好文化职能，以促进东北老工业基地软实力的提升。文化职能是政府需履行的基本行政职能之一，夏书章教授认为，文化管理是指"国家行政机关对全民思想道德建设以及教育、科技、文化、卫生、体育、新闻出版、广播影视、文学艺术等方面的管理，是建设高度发达的社会主义精神文明所必需的"②。在履行文化职能的过程中，东北老工业基地地方政府须强化文化服务管理制度，以政府的文化制度创新，推进文化体制的改革，完善相关文化

①黄金辉，丁忠毅.中国国家软实力研究述评[J].社会科学，2010(5):31-39+187-188.
②夏书章.行政管理学[M].北京:高等教育出版社，广州:中山大学出版社，2013.

政策，促进东北老工业基地公民文化素养的增强、道德水准的提升和科学价值观的形成，从而有助于东北老工业基地文化软实力的切实提升。

总而言之，强化文化服务管理制度是东北老工业基地政府管理制度创新的重要组成部分，更是东北老工业基地振兴进程中不可或缺的环节。为此，东北老工业基地地方政府须通过政府管理制度创新，强化文化服务管理制度，发挥文化服务管理制度在文化建设中的保障作用，助力东北老工业基地振兴。

4. 加快完善社会保障制度

社会保障制度是指在政府的管理之下，以国家为主体，依据一定的法律和规定，通过国民收入的再分配，以社会保障基金为依托，对公民在暂时或者永久性失去劳动能力以及由于各种原因生活发生困难时给予物质帮助，用以保障居民最基本的生活需要的制度，主要包括社会福利制度、社会保险制度、社会救济制度和社会优抚制度四个方面。社会保障问题与民生建设息息相关，一直以来都是为广大人民群众所关注的热点话题，每位公民在生活、工作中或多或少地都会涉及社会保障制度，如养老保险、医疗保险、失业保险等都是与公民群体联系最为紧密的社会保障制度。能否以完善的社会保障制度促进社会保障问题的有效解决更是事关经济发展、政治稳定、文化繁荣和社会进步的关键性环节。针对城乡两大地域的社会保障制度的发展情况而言，可知基于严格的户籍制度，我国形成了城乡二元结构，城乡在社会保障间的差距也日益显著。以养老保险为例，城市人口无论是工薪阶层还是企业经营者，都会有月均收入，而农村人口则不然，农业人口的收入是阶段性收入，而非月均收入，主要以农作物的种植和牲畜养殖为主，通过市场交易获取劳动收入，收入数额也会受到农作物和牲畜生长周期的影响，无法形成稳定的收入。因此，当前按月交纳养老金的社会保障制度是不完全适应社会发展现实和发展需求的，使农业人口与城市人口一样按月交纳养老保险不仅是不现实的，而且会加剧城乡之间的差距。在市场经济的条件下，必然会形成贫富的两级分化，出现城乡差距，社会保障制度便是以国民收入的再次分配为基础的，需通过对国民收入的二次分配，完成贫富差距和城乡差距的调和，尤其在东北老工业基地这一尚未实现振兴的地区，需要通过保障好城市人口和农村人口的基本生活，缩小城乡差距，促进社会的稳定和长治久安，因为稳定是发展的前提和保障，故而，东北老工业基地地方政府须通过管理制度创新使得社会保障制度可以真正实现保障公民基本生活的作用，并为东北老工业基地的发展与振兴营造良好的环境与氛围。

在有助于促进社会的稳定和长治久安的同时，加快完善社会保障制度也可完善为民服务的制度体系架构。社会保障制度涉及养老、医疗、失业、生育等诸多方面，东北老工业基地地方政府为公民所提供的公共服务也主要以社会保障制度的方式体现出来，运用健全、完善的社会保障制度，可以使东北老工业基地地方政府更好地为民服务，真正做到权为民所用、利为民所谋、发展成果由人民共享，提升制度系统的科学性和实效性。

总而言之，加快完善社会保障制度是东北老工业基地政府管理制度创新的重要组成部分，更是东北老工业基地振兴进程中不可或缺的环节。为此，东北老工业基地地方政府须通过政府管理制度创新，加快完善社会保障制度，发挥社会保障制度在社会建设中的保障作用，助力东北老工业基地振兴。

5. 落实环境保护管理制度

美国心理学家亚伯拉罕·马斯洛在《人类激励理论》一书中提出需求层次理论，马斯洛认为，人类的需求呈现阶梯状分布，由低层次至高层次主要包括生理需求、安全需求、社交需求、尊重需求和自我实现的需求五个方面，在低层次的需求获得满足后，便会以此为基础追求更高层次的需求。新中国成立初期，我国的经济发展水平、科技水平相对落后，所以在计划经济体制的背景下，学习苏联的先进经验，大力发展重工业，以第二产业的发展助推国家经济水平的提升。但伴随着经济的腾飞、政治的稳定、文化的繁荣和社会的进步，人民生活的幸福感与获得感显著增强，换言之，公民群体的基本需求已获得满足，可在此基础上追求更高层次的需求，在促进经济可持续发展的基础上，更要重视对生态环境的保护，杜绝以环境污染换取经济发展的观念，坚决抵制先污染后治理的老路。尤其是在东北老工业基地振兴过程中，东北老工业基地地方政府需以管理制度创新为依托，落实环境保护管理制度，促进东北老工业基地的生态文明建设。从理论上讲，东北老工业基地应该建立起一个政府、企业和社会公众共同参与管理的环境保护管理体制，这是一个综合的制度体系，政府环境保护管理制度的创新与完善能够为生态文明建设以及可持续发展提供体制上和制度上最可靠的保障。东北老工业基地地方政府必须注重经济激励机制、税收调控机制、污染治理市场调节机制、价值补偿机制等市场调节机制，从融资渠道、资金支撑以及经济刺激等方式进一步加强对环境保护的科学管理。

东北老工业基地享有"共和国长子"的美誉，曾经以其丰富的资源、坚实的产业、独特的地理位置，在众多地区中脱颖而出。长期以来将第二产业作为东北老工业基地发展的主导产业，如辽宁省的鞍钢、本钢、辽河油田，吉林省的一汽汽车制造厂，黑龙江省的大庆油田等均为东北老工业基地中重工业的典型代表，为东北老工业基地经济的发展、国家第二产业的发展以及工业体系的建设与完善作出了历史性的卓越贡献，为中国经济的腾飞、工业的进步、改革开放的全面推进奠定了强而有力的基础。但不可否认的是，以重工业为主导产业的经济发展结构也使得较为严重的环境污染问题随之而来，一方面来源于对既有资源的开采，由于受到地质条件、矿藏情况以及开采技术水平等多方因素的综合影响，在对煤、石油等矿产资源开发的过程中易于对土地资源、水资源等造成破坏；另一方面则来源于对既有资源的利用，由于受到工业成本和技术等多方因素的综合影响，未能实现工业废水、废气、固体废弃物的无害化排放，故而无论是对矿产资源的开采还是利用均对东北老工业基地的生态环境产生了破坏性影响。因此，现阶段东北老工业基地地方政府不可使环境保护成为宣传口号，更不能将环境保护流于形式，而是要通过落实环境保护管理制度，使之成为具有法律效力的纸质版文件，使环境保护可以有法可依、有章可循，以此促进东北老工业基地的生态文明建设。

总而言之，落实环境保护管理制度是东北老工业基地政府管理制度创新的重要组成部分，更是东北老工业基地振兴进程中不可或缺的环节。为此，东北老工业基地地方政府须通过政府管理制度创新，落实环境保护管理制度，发挥环境保护制度在生态文明建设中的保障作用，助力东北老工业基地振兴。

三、多措并举实施合理的政府管理创新行为

行为是有目的的活动，行为创新是创新的主体表现形式，是人的创新。行为创新包括行为进化，主要表现为新的行为动力、规范、方式、能力和空间。行为创新的客观基础在于人的行为的可塑性，是在实践中发生与发展起来的。行为创新是实现东北老工业基地政府管理创新的具体路径，东北老工业基地地方政府须以促进政府经济调控行为的规范性、提升政府对于政治参与的回应性、培养政府创建先进文化的自主性、提高政府公共服务供给的满意度以及增强政府生态环境建设的执行力为政府管理创新的重点内容，多措并举，实施合理的政府管理创新行为，切实发挥行为创新的路径作用，从而在行为落实上为东北老工业基地的政府管理创新提供助力，促进东北老工

基地的全面振兴与高质量发展。

1. 促进政府经济调控行为的规范性

促进东北老工业基地政府经济调控行为的规范性，一方面是指明确东北老工业基地地方政府的职能定位，理清政府与市场间的界限，厘定微观经济与宏观经济领域的界限，将其经济职能的履行有效地限制在经济发展的宏观领域中，发挥政府经济调控行为的作用，维护市场秩序，促进可持续发展；另一方面是指东北老工业基地地方政府在进行经济调控的具体行为中，坚决抵制权钱交易等非正义行为的发生，将权力有效地限制在制度的牢笼里，促进东北老工业基地政府经济调控行为的规范性。

政府经济的宏观调控行为是政府在履行经济职能时的行为表现，其目的在于弥补市场失灵，这一行为可追溯至20世纪二三十年代曾风靡一时的凯恩斯主义，或者称之为凯恩斯经济理论。一直以来，凯恩斯致力于发现微观经济与宏观经济间的契合点和连接点，认为经济系统并非会自觉自动地沿着最优生产水平前进，提出对于市场经济的发展，政府不可对其进行完全性的放任，适当的干预与调控是必要的也是必需的。在市场自由调节的进程中，每个个体行为人都是"经济人"，以个人利益最大化为其基本行为准则，商品化和利益化充斥其中，商品的价格也根据供给量与需求量围绕价值曲线上下波动，但在社会中依然存在一些产品和服务是具有公共性的和公益性的，属于公共服务范畴，不能被完全商品化和利益化，如养老、医疗、教育等公共产品，此时便需要政府扮演宏观调控者的角色，对此类商品的价格、供给量和竞争性等方面做出严格控制。以医疗为例，在就医需求量巨大且仍在继续增长的境遇下，如果将医疗产品完全投入市场，不增添任何政府调控的程序与环节，完全以市场化的模式去运行，那么后果可想而知。在求医问药过程中，公费医疗的部分将会被全部剔除，均更改为自费医疗，不会再提供具有公共性的服务，一切以经济和利益为导向，患者需求量较大的药物价格会飙升，而需求量少或无人问津的药物价格则会相对偏低，加之在城乡二元结构中形成的贫富差距，会使得医患矛盾愈加激化，求医难、看病难等问题加剧。高昂的治疗成本也会增添社会压力，使无力负担之人放弃治疗，从而降低平均寿命，引发贫富阶层间的社会矛盾与冲突。

东北老工业基地作为最早进入、最迟退出计划经济体制的地区，深受计划经济体制的影响，对政府的宏观调控职能的把握与应用相对较差，习惯于将政府的有形之手直接伸向微观经济领域，直接介入微观经济的具体运营。但在进入社会主义市场经济体制的背景下，市场这一无形之手在实际运行中起决定性作用，政府这一有形之手起宏观调控的作用，以有效弥补市场机制的失灵。在充分明晰宏观经济领域和微观经济领域的界限以及政府与市场间界限的基础上，以规范的经济调控行为做到市场的归市场，政府的归政府，且在面对诸多经济主体时不偏不倚、一视同仁，从而促进其公平、自由、竞争的市场环境的形成，在保证自由竞争的情况下，维护市场秩序的有序运转。需要注意的是，在市场经济中，政府运用行政手段进行经济的宏观调控可能会产生一些负面作用，如可能造成权钱交易，提高企业的准入门槛，造成某些行业的人为垄断，加大改革和发展的成本等，正因如此，才更要促进东北老工业基地政府经济调控行为的规范性，坚决抵制权钱交易等非正义行为的发生，将权力有效地限制在制度的笼子里。

总而言之，促进政府经济调控行为的规范性是东北老工业基地政府管理行为创新的重要组成部分，更是东北老工业基地振兴进程中不可或缺的环节。东北老工业基地地方政府须通过政府管理行为创新，促进政府经济调控行为的规范性，发挥经济调控行为在经济建设中的路径作用，助力东北老工业基地振兴。

2. 提升政府对于政治参与的回应性

提升政府对于政治参与的回应性是指公民在通过拨打热线电话、参与网络论坛、发送电子邮件等方式进行政治参与，反映与公民自身息息相关的民生问题或相关政府发展、相关公共政策制定等问题时，政府要针对具体问题给出及时有效的回复，切不可使公民所提出的问题如巨石般沉入大海，杳无音讯，以致其政治参与的热情变得冰冷。尤其是在东北老工业基地的振兴进程中，需要地方政府和公民群体的团结协作，东北老工业基地地方政府在管理行为创新中，须着力提升政府对公民政治参与的回应性，以增强公民参与的积极性，从而使得地方政府和公民群体心往一处想、劲往一处使，共同推进东北老工业基地振兴。

伴随着公民意识的觉醒和民主国家的发展，公民群体对于公共政策、政府行为不再采取漠视和置之不理的消极态度，公民群体已逐步意识到其自身在政治参与中的重要性，并逐步形成了乐于参与政治，表达个人意愿的理念。现代民主理论认为，政治参与是公民沟通政治意愿、制约政府行为，从而实现公民政治权利的重要手段。而政治参与的有效性及其规模、程度也成为学者们判断一种政体是否民主的重要指标。随着现代国家在社会生活中的影响不断增强，民众通过政治参与表达自己的政治意愿，使直接或间接影响自身利益的政府政策更多地以民意为基础，日益成为一个政治系统稳定运行的重要保证。正是基于此，提升政府对于政治参与的回应性才越发重要，如果东北老工业基地的地方政府回应缺位于公民参与之中，便会降低公民政治参与中的热情与积极性。根据公共选择理论可知，公民作为理性经济人，意欲以低成本获取高收益，从而在群体性行为中，产生保证个体付出最少而获取最多的群体性收益的行为。如果在公民进行政治参与的过程中，政府缺乏对公民政治参与的回应性，那么便易于激发起埋藏于心的消极态度和人性中的自利性倾向，从而加剧公民在政治参与中的搭便车现象，不利于社会的安定与团结，更无益于社会主义和谐社会的构建。通过提升东北老工业基地地方政府对公民政治参与的回应性，不仅可以提升公民对政治参与的热情与积极性，而且能够以公民参与和政府回应为依托，在公民与政府间架起沟通的桥梁和纽带，形成公民与政府间的良性互动。党的十八大以来，深化行政体制改革已成为全国性举措，中央提出的东北老工业基地振兴战略也发生了新的转变，形成了东北老工业基地的新一轮振兴或称之为东北老工业基地的再振兴。2003年以来的首轮振兴大多是中央给出政策，加大投入力度，但改变的仅是量的问题，东北老工业基地的新一轮振兴则不同，提出了触及根本的深化行政体制改革的政策，作出了由量的转变向质的转变的飞跃，换言之，现阶段正是东北老工业基地的振兴与发展的关键期，通过政府回应性的提升，激发公民向地方政府表达自身真实意愿的行为，令政府更为了解公民的想法、难题与困境，真正做到想民之所想，急民之所急，从而使东北老工业基地的政府和公民形成合力，齐心协力地推动东北老工业基地建设。

总而言之，提升政府对于政治参与的回应性是东北老工业基地政府管理行为创新的重要组成部分，更是东北老工业基地振兴进程中不可或缺的环节。东北老工业基地地方政府须通过政府管理行为创新，提升政府对于政治参与的回应性，发挥政府回应行为在政治建设中的路径作用，助力东北老工业基地振兴。

3. 培养政府创建先进文化的自主性

文化在一个国家、民族以及地区发展过程中举足轻重，是一个国家、民族和地区的重要组成部分，上至中央政府下至区县政府通过对文化的培育和发展，使得生活和工作在该国家和地区的公民拥有深厚的文化认同感和文化归属感，同时也会潜移默化地影响该地区公民的人生观、世界观和价值观的形成，并对其产生深远持久的影响。先进文化是指以马克思主义为指导，以培养有理想、有道德、有文化、有纪律的四有公民为目标的面向现代化、面向世界、面向未来的，民族的科学的大众的社会健康积极向上的具有中国特色社会主义的文化，先进文化为中国经济发展和社会全面进步提供精神动力，使全社会形成共同的理想和精神支柱，激励人们团结一致，克服困难，争取各项事业取得更大胜利。东北老工业基地的振兴过程就是前进的过程，是改革的过程，更是创新的过程，为保障东北老工业基地振兴的有序推进，东北老工业基地地方政府需要在文化方面进行行为创新，培养其自身创建先进文化的自主性，为现有的文化注入新鲜的具有创新性和驱动性的元素，以文化的改革和创新促进东北老工业基地地方政府管理创新的实现，从而助推东北老工业基地的振兴和发展。

东北老工业基地地方政府通过培育其自身创建先进文化的自主性，能够使地方政府在面对传统文化时，可以切实贯彻"取其精华、去其糟粕、推陈出新、革故鼎新"的十六字方针，在明晰传统文化中精髓和糟粕的基础上，大力发展传统文化之精髓，及时剔除传统文化之糟粕，并结合社会的变迁、发展以及改革的需要，使其成为与时代变迁和社会发展相适应的，具有现代化元素的先进文化，以先进文化中的时代性与创新性促进鼓励创新、热爱创新的文化氛围的形成。东北老工业基地深受计划经济体制的影响，逐步形成了相对保守的思想观念，因此，在东北老工业基地的振兴中需要创新的文化氛围，为东北老工业基地的改革与调整提供保障。此外，自古以来，中国便有崇拜官员、迷信权威的传统，政府的行政人员是社会中的先进力量，如果东北老工业基地地方政府的行政人员首先做出文化创新，那么便会在社会中形成良好的带动和示范作用，生活于东北老工业基地的公民群体也会乐于模仿。换言之，即是以东北老工业基地地方政府行政人员的创新意识带动东北老工业基地公民群体的创新意识的形成，并以此为基础促进创新性文化氛围的形成，将以往文化中的保守蜕变为现行文化中的创新，为东北老工业基地振兴进程中政府管理创新的实现提供有力的文化支撑。

总而言之，培养政府创建先进文化的自主性是东北老工业基地政府管理行为创新的重要组成部分，更是东北老工业基地振兴进程中不可或缺的环节。为此，东北老工业基地地方政府须通过政府管理行为创新，培养政府创建先进文化的自主性，发挥先进文化创建行为在文化建设中的路径作用，助力东北老工业基地振兴。

4. 提高政府公共服务供给的满意度

20世纪七八十年代，一场声势浩大的新公共管理运动席卷了西方世界，掀起了政府管理创新与改革的浪潮，这场新公共管理运动便是围绕私营部门的运行模式展开的，通过理论与实践分析，将私营部门运行模式中的合理内核和精髓，移植至公共部门的运行进程中，意欲以此促进公共部门的高效运转。20世纪90年代，美国学者戴维·奥斯本和特德·盖布勒出版发行了《改革政府》一书，并在此书中提出了新公共管理模式下公共部门须遵循的十项原则，以顾客满意为导向便是其中之一，并为美国时任总统克林顿大为赞赏。在商业领域中，长期遵守顾客至上的原则，商家会竭诚为顾客提供所需服务，为顾客提供使其满意的商品和服务是私营部门的行为准则。其实在公共部门的行政领域中也应如此，公共部门与私营部门间的差别之处在于所提供的产品与服务的类型上。私营部门所提供的商品与服务是具有竞争性与排他性的，而公共部门所提供的服务是具有公共性、非竞争性与非排他性的，但是由公共部门所提供的公共服务依旧需要以服务对象的满意程度为导向，由此才能保证公民群体对地方政府所提供公共服务的满意度。

在东北老工业基地的振兴进程中，保证公民群体对政府所提供公共服务的满意度不仅与服务型政府建设相适应更与供给侧改革相承接。近年来，建设服务型政府的发展目标已在全国范围内全面开展，上至中央政府下至区县级政府均在大力提倡要坚持构建服务型政府，且已成为各级政府的施政方针和政策目标。服务型政府是在公民本位、社会本位理念的指导下，在整个社会民主秩序的框架下，通过法定程序，按照公民意志建立起来的以为人民服务为宗旨并承担着服务责任的政府。建设服务型政府是政府自身发展的内在需要，中国传统计划经济体制下形成的管制型政府，长期以来由于过于强调自身管制的政治职能，而弱化和忽视了社会服务职能，造成政府大量越位、缺位、错位。因此，政府要重新树立自己的威信，维护自己的合法性，就必须用公共管理的理念改造政府，就必须重新调整国家与社会、政府与市场、政府与企业、政府与公众的关系，政府内部组织、运作程序，变革政府治理观念、手段、方式和方法，而构建服务型政府将是政府实现自身革命的一个重要载体。

要想实现东北老工业基地的发展与振兴，地方政府也需要不断地向构建服务型政府的目标努力奋斗，但是值得注意的是，东北老工业基地服务型政府的构建不是只涉及地方政府这一单独主体，由地方政府一味地进行公共服务的提供，而是涉及东北老工业基地的地方政府和公民双重主体，通过全心全意为人民服务的理念，有效地捕捉公民需求，增强东北老工业基地的公民群体对政府所提供公共服务的满意程度，提升公民对公共服务供给的获得感，有效促进公民群体对地方政府的信任与依赖，切实推进服务型政府构建。正如市场中所出售的商品一样，商品的好坏与否、实用与否是以顾客的满意程度为其评判标准，而非商家。如果能够真正地做到物美价廉且能够满足消费者需求，那么无疑这是一份好的商品，也必然会带来商品销售量和购买量的提升，实现商家与消费者的双赢，但是如果这份商品只能做到物美价廉，而未能使消费者满意，那么再好的商品也无法促进商品销售量和购买量的提升，商家与消费者的共赢更是难以实现。在公共服务提供的过程中，东北老工业基地的地方政府便是商家，而公民群体则是消费者，但是信息的非对称性和滞后性是立于东北老工业基地地方政府和公民群体之间不可逾越的鸿沟，由于政府与公民间信息的不对称性，使得政府所提供的公共服务并非公民所需，以致公民群体对地方政府所提供公共服务的满意程度无法获得有效的保证。而基于供给侧改革正在紧锣密鼓开展的背景下，东北老工业基地地方政府更需针对公共服务的供给侧做出调整，政府只有提供使公民群体满意的公共服务，才能促进服务型政府的构建。

总而言之，保证政府公共服务供给的满意度是东北老工业基地政府管理行为创新的重要组成部分，更是东北老工业基地振兴进程中不可或缺的环节。为此，东北老工业基地地方政府须通过政府管理行为创新，保证政府公共服务供给的满意度，发挥公共服务供给行为在社会建设中的路径作用，提高保障和改善民生水平，促进基本公共服务均等化，满足人民日益增长的美好生活需要，助力东北老工业基地振兴。

5. 增强政府生态环境建设的执行力

公共政策的制定、出台和落实是一个周而复始的循环过程，正如哲学中所提到的一样，事物的发展是螺旋式上升和波浪式前进的过程，公共政策的螺旋式上升主要体现于，在经历首次的政策议程、方案规划、政策制定、政策执行和政策评估与反馈后，政府相关部门需要以政策评估与反馈的结果为参照，返回到公共政策发展过程的初始环节，针对公共政策实施过程中不尽如人意的地方，将公共政策进行适当的转变和调整，有效地提升公共政策的科学性和实效性，从而使得公共政策更符合地域发展的具体情况，更符合政府和公民群体的需求，更好地为公民群体服务，因此公共政策的发展过程是囿于同一个发展周期之内又不断发展的，是螺旋式上升的。在公共政策的发展周期中政府的行政执行力的作用和地位是举足轻重的。与政策制定环节相比，政策执行是更为复杂和重要的环节与阶段，政策理论只有通过有力到位的行政执行力方可变为现实。政策的制定阶段是处于相对静止状态下的阶段，其工作核心基本围绕政策文本展开，力图实现政策文本的科学性。而政策的执行阶段则不同，是处于相对运动状态下的阶段，会受到主客观多重因素的综合影响，具有极强的不确定性。制定出正确、科学且合理的政策并不是最终目的，将政策落地实施，使其正确性、科学性、合理性展现于实际的政策运行进程中才是其最终目的与归属。

1992年，在邓小平同志与湖北省委书记的谈话中，提到"空谈误国、实干兴邦，不要再做无所谓的争论了"①，一时间如醍醐灌顶般点醒了亿万中国人的思路，促进了中国改革开放的实现，为中国的跨越式发展、飞跃式前进提供了动力。2012年11月29日，在与政治局其他常委一同参观《复兴之路》展览时，习近平总书记也特别强调了"空谈误国，实干兴邦"②这八个字。因此，在东北老工业基地的生态文明建设中，地方政府须依托于管理行为创新，切实增强生态环境建设的执行力，如增加制度供给，完善制度配套，强化制度执行，构建产权清晰、多元参与、激励与约束并重、系统完整的生态文明制度体系。在具体步骤上要注意轻重缓急、有序推进；要抓紧制定和完善生态治理急需的、满足人民优美生态环境需要必备的制度，以重点推进带动整体突破；要抓好已出台改革举措的落地，及时对成功经验进行总结并上升为制度。切不可将生态环境建设流于形式，止步于口号，以有力到位的行政执行力使现有的生态环境保护政策落到实处，真正将生态环境保护

①徐世平.空谈误国与清谈误国[EB/OL].http://www.qstheory.cn/wz/shp/201212/t20121204_198369.htm, 2012-12-04/2017-08-20.
②李斌，陈二厚，王甘武.学习贯彻习近平总书记参观《复兴之路》展览讲话述评[EB/OL].http://news.xinhuanet.com/politics/2012/12/06/c_113936084.htm, 2012-12-06/2017-08-20.

政策的科学性和实效性转化为现实。

　　总而言之，增强政府生态环境建设的执行力是东北老工业基地政府管理行为创新的重要组成部分，更是东北老工业基地振兴进程中不可或缺的环节。为此，东北老工业基地地方政府须通过政府管理行为创新，增强政府生态环境建设的执行力，发挥政府执行力在生态文明建设中的路径作用，助力东北老工业基地振兴。

　　通过上述分析可知，在东北老工业基地的新一轮振兴进程中，东北老工业基地地方政府须以管理理念创新、管理制度创新和管理行为创新为依托，有效推进东北老工业基地的政治文明、经济文明、文化文明、社会文明和生态文明建设，为实现东北老工业基地添动力、增活力，从而促进东北老工业基地的全面振兴。

第六章　东北老工业基地
政府管理创新的对策建议

如前文所述，东北老工业基地政府管理创新在行政职能、行政方式、管理机制、管理流程以及政策法规等方面存在诸多不足之处，这些不足与问题的成因主要在于理念、制度、行为三个层面，这三个层面也是东北老工业基地政府管理创新的重点内容与改革靶向。在明晰东北老工业基地政府管理创新的重点内容后，需要探索政府管理创新的具体改革路径，从而为东北老工业基地的政府管理创新提供资政建议。基于理念、制度、行为三个层面的分析框架与问题成因，本研究提出东北老工业基地政府管理创新的对策建议，具体包括：破除思想禁锢，用先进理念指导政府管理创新；加快制度建设，用科学制度保障政府管理创新；全面高效履职，用实际行动落实政府管理创新，以此推动东北老工业基地地方政府管理创新，探寻和建立较为合理的政府体制运转模式，从而确保社会资源能够得到最优化配置，确保最大程度地实现公共利益。

一、破除思想禁锢，用先进理念指导政府管理创新

1. 加速领导干部的行政理念革新

政府管理创新离不开管理理念的创新。管理理念直接影响到管理模式、

管理制度等方面的设计。东北老工业基地地方政府应该遵循公共利益至上、以人为本、科学发展、依法行政等原则，在创建责任政府、有限政府、服务政府、透明政府、诚信政府等方面实现管理理念创新。

第一，创新责任政府的理念。承担责任是政府的第一要义，行政机关行使权力的过程，也就是履行职责的过程，这是现代行政的基本要求。一是政治责任。政府的施政措施及工作人员的行为都必须以民意为依据，必须对公民负责，进而对他们的代表机关负责，其政策与行为必须符合、保护、促进人民的利益与福利。如果决策失误或行为有损国家和人民利益要承担政治责任。二是行政责任。必须充分满足社会公众的利益需求，实现社会公众利益。因为行政权力具有管理领域广、能动性强、自由裁量权大、可强制实施等特点，最容易被滥用，所以必须使政府行政责任法定化。三是法律责任。要强化行政权力的制约和监督机制，运用宪法、法律和法规限制公权力。当政府及其工作人员的行为侵害相对人的权利时，应像其他法人组织一样承担侵权赔偿责任，违反法律规定的义务、违法行使职权时，必须承担相应的法律后果。四是道德责任。政府机关及其工作人员的行为必须符合社会所要求的道德标准与规范，必须符合国家利益和公众利益，并表现出最高标准的清廉、真诚、正直等品质；公务员个人不能运用不正当的方式在执行职务时获取利益。

第二，创新有限政府的理念。"有限政府"是指政府自身在规模、职能、权力和行为方式上受到法律和社会的严格限制和有效制约。有限政府的实质是建立在市场自主、社会自治的基础之上，只有这样的政府才是与自身能力相契合的。从一定程度上讲，政府应有自知之明，意识到自身能力的有限，这是理性确定政府职能边界的前提。现代政府应当将自己定位于"全能"与"无为"之间，做到有所为、有所不为。事实上，只有当政府秉持了有限型的价值基准，才能将自身能力范围内的事情做好，并使自身能力得到最大限度的发挥。在新型公共治理结构里，管理者的成分是多元的，政府不是唯一的管理者，它只是发挥核心作用，与其他非政府组织一起把公共领域里的事情处理好。在市场经济条件下，政府的作用和权力的行使应当是有限的，主要应该从四个方面起作用，具体包括：市场基本制度规则的制定、制度规则的监督执行、政策引导、直接参与。当前，东北老工业基地地方政府特别要做的事情是给政府定好位，为市场竞争创造公平宽松的制度环境，为市场主体提供良好的服务，解决市场机制解决不了也解决不好的问题，对需要政府直接干预的事项，应在明确管理目标、管理标准和管理规则的前提下依法进行。

第三，创新服务政府的理念。公共服务领域是政府的主要职能领域，也是目前问题最多、公众反应最为强烈的领域。创新服务政府的理念就是要自觉把服务贯穿于政府行政管理工作的全过程，落实到每一个环节，在管理中体现良好服务，在服务中依法加强管理，不断完善服务机制，拓展服务内容，丰富服务手段，创新服务方式，提升服务质量，提高服务成效。首先，东北老工业基地地方政府领导干部要破除旧思想、旧观念，树立服务于民的新观念。在当前反对形式主义、官僚主义、享乐主义和奢靡之风的教育活动中，要深入开展群众路线学习和实践活动，集中力量破除旧思想、旧观念，树立起服务政府的新思想、新观念，真正把"群众满意不满意、高兴不高兴、拥护不拥护"作为行政机关领导干部行动的标尺，以此衡量和评价行政机关领导干部的行为，促进领导干部真正树立起服务政府的新思想和新观念。其次，要推进行政公开化，加强人民群众对政府及其工作人员的监督。随着信息技术的发展，电子化政府的建立可以使政府在阳光下运转，在人民群众的监督下行政，因此要加强电子政务建设，加大政务信息公开力度。再次，要大力宣传实践服务政府理念的先进领导干部人物，创造良好的服务行政环境。对领导干部中服务观念树立好、服务工作做得好的榜样事迹进行广泛宣传，树立一批典型，供广大行政领导干部人员学习、效仿。最后，要加强政府公共服务领域的改革创新，一是强化政府的公共服务责任，特别是投入责任，提高基本公共服务的水平和质量；二是改革政府履行公共服务职责的方式，使其与现代市场经济的运行机理相融合，具体而言，政府将主要通过规划、支出和监管的方式履行提供公共物品和公共服务的职责；三是在公共服务领域引进竞争机制和非政府力量，通过建立公私伙伴关系，提高公共服务的品质和效率。

第四，创新透明政府的理念。透明政府的要义在于体现行政公开原则。作为行政公开原则，应当具备两个层次的含义：其一政府的事务除了依法应当保密的除外，其余应当一律公开；其二程序公开，政府行为要以正当的方式得以行使，要以看得见的透明方式进行，如果政府权力的动作规则、方式乃至程序不为公众所知，那么政府与公众之间必将产生距离和隔阂。目前，东北老工业基地地方政府政务公开有了很大进步，但政务公开的内容不全面、不规范，缺乏强制性的约束力，因此，要对政府信息的公开原则、公开内容、公开程序以及法律监督和责任，从法律上予以明确和规定，保证政府的所有活动包括从立法到执法的全过程向社会公开，实现真正意义上的透明。

第五，创新诚信政府的理念。建设现代化社会主义市场经济离不开以道德为支撑、以产权为基础、以法律为保障的社会信用制度，所谓其身正不令而行，诚信社会的建设之路势必要以诚信政府为基石。要创新诚信政府的理念真正做到取信于民，首先，必须严格遵守《行政许可法》中确立的行政领域诚实信用、依法保护原则，将该原则作为行政机关作出行政决定和行政行为的重要准则。其次，行政机关在发布信息时须谨慎核实，要做到"言必实"，同时在出台政策时要注意政策之间的承接性，尽量保持政策的相对稳定性，不得朝令夕改，出尔反尔，做到"行必果"。最后，行政机关在因不可抗力或必要的公共利益而改变政策、决定时，要依法积极补偿由此给百姓造成的损失。总而言之，诚信政府即要做到管理公共化、政务透明化、服务规范化、行政法治化。

2. 激发基层行政人员的创新活力

习近平总书记在中央全面深化改革委员会第十四次会议重要讲话中，对激发基层改革创新活力提出了新要求，即"改革创新最大的活力蕴藏在基层和群众中间，对待新事物新做法，要加强鼓励和引导"。在中央全面深化改革领导小组第十七次会议上，习近平总书记再次强调，中央通过的改革方案落地生根，必须鼓励和允许不同地方进行差别化探索，全面深化改革任务越重，越要重视基层探索实践，越要激发基层行政人员的活力。从安徽小岗村的大包干到上海自贸区的探索实践，许多改革之举、创新之措都是出自基层干部的探索实践，再由点及面推向全国。推动管理创新是由广大基层行政人员来具体实施的，所以要最大限度调动地方、基层以及各方面的积极性、主动性、创造性。要把改革的方向与群众的利益紧密联系起来，既鼓励创新、表扬先进，也允许试错、宽容失败，才能营造想改革、谋改革、善改革的浓郁氛围，形成基层改革创新的强大合力，给干事者撑腰、为创新者松绑、让无为者让位。具体来说，可以采取以下措施来激发东北老工业基地基层行政人员的创新活力。

一是要放松管制。首先，放松管制的概念源于20世纪末西方的人事管理制度改革，在我国基层行政管制的应用实践中，这种放松管制体现为在基层行政人员管制结构的塑造和发展过程中对分类适度管制内容的着重强调，即采用灵活高效的人事制度取代传统的管理体制，并适当引入市场化的竞争机制，增加人事管理制度实行的灵活性，以提升政府的行政效率。其次，针对东北老工业基地基层行政效率和创新方面所存在的问题，采取将基层行政人员的常规和创造性职责进行细致划分的应对措施是有必要的。通过对不同性质的工作职责制定和实行差别化的放松管制政策，例如简化常规行政流程以及降低基层行政人员的创新门槛等，在确保基层行政人员基本工作绩效的基础上，进一步提高基层行政人员的创新能力，激发基层行政部门的发展活力。此外，为保障放松管制的有效实施，还应加强对于管制者本身的监督，同时吸纳社会力量进一步强化管制和监督力度。

二是采取弹性聘用制度，即优化配置基层行政部门的人力资源，促进良好的竞争与流动机制的形成，具体措施包括对部分岗位实行合同雇佣制、临时聘任制等。首先，根据基层行政部门实际的工作内容制定合理的人事规划，灵活采用聘用制度，实现聘用制度的创新组合，从而充分调动基层行政人员的积极性。其次，实行合同雇佣制和临时雇佣制还有助于强化基层行政人员的职业危机感意识和提升行政效率。需要强调的是在采取这种弹性聘用制度时，应特别注意对编外人员的岗位需求、招聘渠道、人员类别、用工期限、用工数量和用工条件的统一规定和标准的制定，积极贯彻落实十九届三中全会关于"严格控制编外聘用人员，从严规范适用岗位、职责权限和各项管理制度"的要求。同时，在提升聘用制度实行的规范性，建立健全基层各项行政人员聘用制度体系的基础之上，还要建立相应的保障机制，确保聘用制度的精准和顺利实施，优化基层行政部门的人力资源配置。

三是充分授权，即摒弃僵硬的管理方式，赋予一线人员更多更大的自主权，使他们能根据具体情况灵活处置所辖事务。党的十八届三中全会以来，简政放权开始成为我国行政体制改革的重中之重，其中充分的授权是实行基层行政部门规范和精细化管理的必要举措。此外，随着社会治理力量逐渐向基层下沉，基层部门和人员所发挥的作用越来越显著，权力重心下移已成为我国体制改革的必然趋势。针对东北老工业基地基层行政工作存在的僵化和缺乏创新活力的问题，实施充分的基层授权是十分必要的。具体可以采取下放人事权力、优化行政自由裁量权以及赋予其他相关的基层自治权等措施。同时要明确基层行政部门的职责，给予基层行政人员充分的信任，及时协调上下层级的沟通交流和规范化指导，并做好监督工作确保基层积极顺利地开展各项行政工作。

二、营造先进包容开放的行政文化

自古以来，中华民族就以"天下大同""协和万邦"的宽广胸怀，自信而又大度地开展同域外民族交往和文化交流，悠久的历史孕育了伟大的中华文明，坚定的文化自信彰显了伟大的中华文明。中华文明一经形成，就具有开放性和包容性，能够在开放中吸收异质文明、在包容中消化异质文明、在多元融会中更新自身，而中国人民的文化自信，就深深植根于中华文明传承的土壤中。行政文化亦是如此，破除思想禁锢，促进东北老工业基地政府管理创新离不开开放包容行政文化的营造。

第一，要以开放的理念加快行政体制改革，建设务实高效的现代行政文化。习近平总书记指出"行政体制改革是经济体制改革和政治体制改革的重要内容"，而行政体制改革的重点是简政放权。因此，首先，要使行政决策更加开放，包括决策内容、决策参与的人员要更加向社会公众开放，让公众参与决策，社会参与度越高，决策的为民度就越高，决策就更科学，执行起来社会公众的支持力量也越大。其次，要进一步开放行政垄断性，把配置资源的权力交还给市场。党的十八届三中全会审议通过的《中共中央关于全面深化改革若干重大问题的决定》指出："紧紧围绕使市场在资源配置中起决定性作用深化经济体制改革。"行政性垄断的广泛存在，排除了公平开放的市场竞争，增加了社会公共服务成本，同时又不能保证公共服务的性质判定和质量。近年来正在进行的取消和下放行政审批事项可谓势大力沉，是不断打破和减少行政性垄断的有效举措。再次，公共服务职能的具体实施应进一步向社会开放，要积极引导、培育和发展社会组织，让社会力量与市场力量在政府的有效监管下，提供真正符合社会与民众需求的公共服务。

第二，以开放的理念推进廉政文化建设，建设清正廉洁的现代行政文化。廉政文化建设是反腐倡廉建设的一项重要内容，是社会主义先进文化与和谐文化的重要基础，党的十八大又进一步强调要"加强反腐倡廉教育和廉政文化建设"。以廉洁政府、廉洁从政为主体内容的廉政文化是现代行政文化的应有之义，东北老工业基地廉政文化的建设可以从以下几个方面着力推进：一是要着力推进各行政事业单位行政经费的预算标准和支出信息的开放。党的十九大报告中明确提出，要"建立全面规范透明、标准科学、约束有力的预算制度"。公费进出阳光透明，政府和官员及其行政行为更能得到公众的信任与尊重，公信力和执行力将会大大提升。二是要着力推进官员家庭收入及来源与财产情况信息向公众公开。官员财产公示是建设廉政文化的必然要求也是最基础的制度保障。不否认，受多种原因影响，官员财产申报制度的先决条件还不完善。但是基础性条件不完备，不该是拒绝推进该制度的托词。相反，正是因为不完善，紧迫感需要更强烈，我们必须抓紧推进，以期早日兑现官员财产申报制度的承诺，让反对的人没有借口。三是着力构建向公众开放的、安全的腐败现象举报途径。监督不仅来自有关职能部门，也应当让社会参与，这就需要提高公务支出的透明度。要建设廉政文化，就要有畅通有效的腐败行为质疑和举报途径。

第三，以开放的理念重构行政人员进入机制，建设人本、为民的现代行政文化。中国特色公务员制度作为中国特色社会主义制度的重要组成部分，是随着我国经济体制改革和政治体制改革不断深入逐步建立起来的，是改革开放进程中干部人事制度的重大改革。东北老工业基地地方政府要坚持行政人员的进入标准，真正向全社会开放地招贤纳士，以抓铁留痕、壮士断腕、自我革命的决心和气概革除行政人员变相世袭和权钱交易上岗的现象，真正从源头上把好公务人员的素质关。一是要贯彻党的干部路线方针政策,立足于东北老工业基地地方政府公务员队伍特点和现状,着眼于服务经济社会发展和满足机关用人需求,吸收干部人事制度改革的成果,提高选人用人的开放度。二是要坚持公开、平等、竞争、择优,坚持监督约束和激励保障并重,提高聘任制公务员管理的制度化、规范化水平,确保聘任工作按照法定权限、条件、标准和程序进行。三是要立足于解决公务员队伍建设的实际问题,聘任制定位于满足党政机关短期、急需的高层次专业人才的需求,尊重高层次人才的吸引使用规律,通过合同管理、聘期管理与市场接轨,着力构建能进能出的管理机制,切实发挥聘任制灵活用人的优势,达到提高效率、降低成本的目的。

第四,以包容的理念建设"和而不同"的现代文化。行政文化的发展贵在"和而不同",一中有多,多中有一。从纵向的角度上看,它强调在某一阶段上包容和接纳多种行政文化;从动态过程上看,它强调抓内在规律,通过接纳并融合"不同"的行政文化,从而达到自我超越,积极推进行政文化的进步与发展。东北老工业基地地方政府要建设"和而不同"的现代行政文化,一是要将建设民主政治作为发展行政文化的前提。在现代政治文化中,民主是其中最重要的议题之一,从公共管理视角来看,要想发展我国行政文化,就必须要将社会主义民主政治作为发展前提。行政主体要树立起公民至上的理念,以为公民服务作为基本职责,对公民权利的行使、公民的创造性与自主性要保持充分的尊重,与公民一起创造对话协商的行政文化。二是要重视行政文化宣传和学习。让行政文化概念及其思想逐步在行政机关中普及,使广大政府机构干部掌握科学的行政观念文化、行政制度文化、行政行为文化,引领和推动行政体制改革特别是政府职能转变。三是要加强组织领导。行政文化创新是一项革故鼎新、历时日久的系统工程,离不开强有力的组织领导。要从上到下明确相关的组织机构、领导责任和管理职责,加强顶层设计、强化价值导向、做好统筹规划、落实日常管理；要通过加强组织领导，增强并确保行政文化创新的系统性、整体性和协同性。

三、优化政府管理创新的战略思维

战略思维是全局性、整体性思维，也是长远性、前瞻性思维。政府作为创新发展战略的提出者、推动者和实践者，不仅要以全局性和整体性思维大力推进社会各主体的创新发展，更重要的是要运用长远性和前瞻性思维、以自身的创新发展来引领全社会的创新发展，并为全社会的创新发展提供良好氛围。创新，顾名思义，就是"创建新的"，它既可以是创建一种新的理论和观念，也可以是创建一种新的技术和制度。东北老工业基地地方政府要运用战略思维优化政府管理创新，具体可以从以下几个维度来前瞻性地、全面地推进政府管理创新发展。

第一，政府管理理论创新维度。列宁说过，"没有革命的理论，就不会有革命的运动"。理论是行动的先导，这个道理同样适用于政府管理创新发展。与政治、经济和社会管理等领域一样，政府管理领域也有自身的发展规律和理论体系，如果不能在理论上"想得明白、看得清楚"，必然导致在实际工作中的盲动和无所适从。因此，要推进政府管理创新发展，首先就需要对政府管理的基础理论知识和发展方向有所掌握。当前，在政府管理过程中，出现一种奇怪现象，那就是不少人对政府管理过程中需要的经济、社会等方面的知识学得很多，而对政府管理自身的知识却知之甚少，大有"一叶障目、不见森林"之感。实际上，政府管理自身也是一种"专业活"，需要掌握职能配置、机构调整、人员激励等多个方面理论知识。因此，东北老工业基地地方政府应加强对行政管理人员的理论培训，通过继续教育、集中培训、分散学习等诸多方式提高行政人员的政府管理理论水平。

第二，政府管理观念创新维度。近年来，特别是党的十八大以来，随着服务型政府建设的深入，各级政府所面临的行政环境发生了较大变化，传统的"人治观念、权治观念、官本位观念"难以为继，需要树立新常态下与服务型政府建设相适应的政府管理观念。当前，有两种政府管理观念务必要树立：首先是服务观念。之所以叫服务型政府，就是要与传统的管制型政府相区别，政府管理的出发点是"服务"，而不是"管理"，即便有管理，也要"寓管理于服务之中"。一旦确定政府管理的目的是为民服务，而不是当"官老爷"，就需要对整个政府管理的机构设置、制度设计、办理流程甚至是政府工作人员的行为模式进行全方位变革。正如邓小平同志所说的那样，"如果不是做官，而是当人民的勤务员，那就需要以普通劳动者的面貌出现，要平等待人，要全心全意为人民服务"。其次是法治观念。党的十八届五中全会强调，要"运用法治思维和法治方式推动发展"；党的十九届五中全会提出要"基本建成法治国家、法治政府、法治社会"的远景目标。对于公民来说，"法无明文禁止不为过"，而对政府来说，"法无明文规定不可为"，必须遵守"职权法定"的原则，严格按照法律赋予的权力来行使，任何"越权"或"失职"行为都会受到法律的追究。随着全面依法治国的推进，依法行政观念逐渐深入人心，传统的随意执法、随意行政、以权代法的政府管理观念寸步难行。特别是近年来，一些过去我们习以为常的做法，由于没有严格按照法定程序办事，往往在诉讼面前"败下阵来"。这就需要东北老工业基地地方政府适时地转变管理观念，不仅要实现外部行政行为的"合法化"，也要实现内部行政行为的"合法化"。

第三，政府管理技术创新维度。"工欲善其事，必先利其器"。有什么样的管理技术就会带来什么样的管理效能，比如以纸质文件为基础的传统公文流转模式，其流转速度再快，也比不上以信息技术为基础的现代公文流转模式。政府管理创新很多情况下首先都是从管理技术创新上开始的，管理技术创新为政府管理创新提供了可行性。特别是一二十年以来，随着管理技术的革命性发展，政府管理创新的步伐日益加快，很多传统公共行政理论所信奉的管理原则正在逐渐被超越，管理变得"一切皆有可能"。当前东北老工业基地地方政府管理技术创新主要是要抓好两个方面的技术创新：首先是政府管理"硬件"创新，主要是指信息技术在政府管理领域的广泛应用，特别是大数据等新兴科学技术在政府管理中的应用和推广。当前我们正在推进的许多政府管理创新都是以信息技术为基础才得以开展的，比如行政服务中心建设正式实现了各个政府部门之间的数据共享，由"数据跑"代替"群众跑"，由此实现行政审批服务的"一站式"。其次是政府管理"软件"创新，主要是指一些先进的管理方法在政府管理中的应用和推广，正如有学者所说过的那样，"公共事业与私人企业的管理，在所有不重要的方面是基本相同的"，政府管理创新可以大胆借鉴其他领域管理创新的一切成果，如顾客导向、绩效评估、全面质量管理、流程再造、ISO认证等。

第四，政府管理制度创新维度。在党的十八届五中全会通过的《中共中央关于制定国民经济和社会发展第十三个五年规划的建议》中，专门将"各方面制度更加成熟更加定型"作为"十三五"时期经济社会发展的主要目标之一。《建议》全文共出现"制度"一词达72次之多，分别从不同的角度强调了制度创新对于实现全面建成小康社会新的目标要求的重要作用，如"制度改革""制度整合""制度优势""制度安排"等。对政府管理创新发展来说，其道理也是一样的。所有的政府管理创新，最后都要落脚在制度创新上面，只有通过制度的形式将创新成果予以固化，才能发挥创新的持续作用，否则就会成为"运动式"创新。例如，如果单纯地就观念创新来谈创新，则只能停留在主观层面上，不容易操作，也不可持续，一旦通过制度创新的形式，将观念创新的成果予以固化，就会形成长期的服务动力，比如首问负责制、承诺制、代办制、并联审批制等。从制度的系统性来看，一个国家或地区的政府管理制度应该是一个系统，在这个系统中，不仅要求制度子系统齐全，还要这些制度系统的纵向结构、横向结构和形式结构（包括实体制度、程序制度、监督制度、评价制度等）配套科学合理。因此，东北老工业基地地方政府在进行政府管理制度创新过程中，要遵循制度创新的自身规律，从不同的层面来推进，形成制度创新的整体合力。

总而言之，破除思想禁锢，用先进理念指导政府管理创新是推动东北老工业基地政府管理创新的重中之重，应着力在加速领导干部的行政理念革新、激发基层行政人员的创新活力、营造先进包容开放的行政文化以及优化政府管理创新的战略思维等方面加以推进。

四、加快制度建设，用科学制度保障政府管理创新

1. 切实转变政府职能，明确政府在国家治理体系中的位置

（1）要合理界定政府职能，避免政府"越位"和"缺位"

在社会主义市场经济条件下，合理界定政府的职能定位，理顺政府与市场、政府与社会的关系，发挥好政府、市场、社会各自的作用，是政府职能转变的客观要求，也是实现经济社会发展的体制保障。从改革进程看，职能转变历来是我国政府改革的核心和主线，并取得了重大进展，基本上适应了经济社会发展的需要，但与新形势新任务的要求相比还存在不相适应的方面，突出表现在政府的职能边界并不十分清晰，仍然管了许多不该管的事，出现了"越位"，比如直接包揽了本来可以通过市场进行的纯粹私人产品的生产供应，以及可以由政府、企业、非政府公共组织共同参与的混合性公共物品的生产。而一些该由政府管的事没有管好，例如应由政府提供的水利设施、生态环境保护和其他必要基础设施的建设仍然力度不够；医疗、养老、失业、救济以及其他社会保障服务的公共供给仍然不足等，出现"越位"和"缺位"并存现象。东北老工业基地下一步政府改革仍然要紧紧抓住职能转

变这个核心，采取有针对性的措施，厘清政府与市场的边界，更好地发挥政府的作用，才能从根本上扭转政府越位、错位、缺位问题，保障市场有效运行，弥补市场失灵；此外，要明确政府的职责范围，从体制、方式上实现从传统管制、管理向治理的转变，切实将政府的工作重点转到创造良好发展环境、提供优质公共服务、维护社会公平正义上。

（2）要进一步简政放权，实现"全能政府"向"有限政府"转变

简政放权是指精简政府机构，把经营管理权下放给企业，是中国在经济体制改革开始阶段针对高度集中的计划经济体制下政企职责不分、政府直接经营管理企业的状况，为增强企业活力，扩大企业经营自主权而采取的改革措施。简政放权有助于各部门机构行政能力和管理水平更加适应社会主义市场经济发展和社会管理与公共服务的需要，因此，东北老工业基地地方政府要进一步简政放权，将不该由政府管的事转交给市场、企业和社会，减少对微观经济社会事务的直接干预，由"全能政府"向"有限政府"转变。从原则上说，凡是公民、法人和其他组织能够自主解决的事项，凡是市场机制能够自行调节的事项，凡是行业组织通过自律能够解决的事项，政府都不必干预，仍在管的应当退出，从而更好地发挥市场在资源配置中的基础性作用，更好地发挥公民和社会组织在社会公共事务管理中的作用。推进改革的重点是政府向市场、企业、社会组织和个人放权，把不该管的事转给市场和社会，从越位的领域中退出，以政府放权给市场主体和社会主体松绑，激发活力。具体而言，一是要向企业放权，减少行政审批事项，减少自由裁量权，减少资质资格许可，减少企业税费，减少前置许可，减少评比检查，防止边减边设，不能取消的要简化审批程序，从重事前控制向重事后监管转变，降低企业和个人创业就业的门槛，发挥好企业市场主体的作用。二是要向市场放权，落实企业投资决策自主权，放宽民间投资市场准入，破除行政垄断和地区封锁，全国市场统一开放，促进市场要素流动和公平竞争，发挥好市场

资源配置的基础作用。三是要向社会放权，降低公益性社会组织成立的门槛，培育和规范社会组织发展，减少大包大揽，为社会组织活动提供空间，发挥好社会力量自我服务、行业自律和社会事务管理的作用。

（3）要全面正确履职，实现"管制型政府"向"服务型政府"转变

无论是简政放权也好，减少审批也好，不是一放了之，更不是无为而治，而是要使政府从不该管的事务中抽身，集中力量管好自己该管的事，更加有效地发挥政府的作用。要坚持放管结合，全面正确履行政府职能，把该由政府管的事管好，基本要求是在改善宏观调控和市场监管的同时，更加注重社会管理和公共服务，从"管制型政府"向"服务型政府"转变。服务型政府是指一种在社会本位、权利本位、公民本位理念指导下，在整个社会民主秩序的框架下，通过法定程序，按照公民意志组建起来，以全心全意为人民服务为宗旨，实现着服务职能并承担着服务责任的政府。当前，东北老工业基地振兴已进入关键阶段，机遇与挑战并存。在新的时代背景下，高能耗、高污染的传统经济发展方式已难以为继，雾霾大面积、长时间出现再一次敲响警钟；缩小城乡差距、区域差距依然任重而道远；不断提高生活水平，改善教育、医疗、住房和就业是人民群众的期盼；环境污染、食品安全、收入分配、社会公平等问题，社会反响强烈。解决好这些难题和期盼，就是东北老工业基地地方政府该管的事，迫切要求政府有效发挥作用，实现民之所望。因此更要加强发展战略、规划、政策、标准等的制定和实施，加强市场活动监管，加强各类公共服务的提供，实行政府有效的治理，在促进经济持续健康发展，创造公平竞争的市场环境，保持社会和谐稳定方面更好地发挥政府的作用。

2. 推进市场化进程，增强全社会的创新活力

资源配置是指资源的稀缺性决定了任何一个社会都必须通过一定的方式

把有限的资源合理分配到社会的各个领域中去，以实现资源的最佳利用，即用最少的资源耗费生产出最适用的商品和劳务，获取最佳的效益，资源配置可分为政府资源配置与市场资源配置。如果不把政府支配的资源保持在政府履行应尽职能所需要的合理水平上，政府职能就不可能实现根本性转变，政治对经济的僭越就不可避免，经济主体对政府的依赖也就不可避免。就目前东北老工业基地的现实情况看，应该减少政府支配的经济资源总量，为市场配置资源释放尽可能大的空间，同时为那些与政府谈判力较弱但能够对经济增长做出更大贡献的要素所有者创造出更宽松的环境。同时，政府可以将注意力转移到保护产权、维护市场秩序、管理宏观经济和提供公共产品上来。

（1）政府资金逐步从一般经营性、竞争性领域退出

首先，进一步规范政府投资行为，改变政府的投资方向。财政资金主要投向市场、社会不愿投资的公共领域，如投向市场不能有效配置资源的社会公益服务、公共基础设施、农业农村、生态环境保护和修复、重大科技进步、社会管理、国家安全以及补齐短板等公共领域的项目；凡属政府必须提供的公共服务或公共产品但市场机制暂不能有效发挥作用的，作为政府类投资项目由财政性资金投资建设与管理。而凡是能够通过市场机制发挥作用的，投资主管部门应会同有关行政主管部门研究合理的边界条件、补偿机制或采购标准，采用合营、私营等方式吸引社会民间投资建设与管理。其次，要加强现代市场体系建设，进一步打破行政性垄断和地区封锁，加强区域经济合作，进一步培育、发展和规范市场，继续发展土地、技术和劳动力等要素市场；完善价格体系和价格管理制度，建立主要由市场形成价格的机制；发展市场中介机构，发挥其服务、沟通、公证、监督作用；建立市场秩序规则，加强市场管理；适应经济全球化和加入世贸组织的新形势，实施市场多元化战略，积极融通国内市场与国际市场，降低市场准入限制，健全市场进入、市场交易、市场退出等方面的规则，整顿和规范市场经济秩序，打破行

业垄断和地区封锁。

（2）深化垄断行业改革，放宽市场准入，实现投资主体和产权多元化

首先，实行负面清单模式，保障市场主体准入自由。以清单方式明确列出禁止和限制投资经营的行业、领域、业务等，清单以外的，各类市场主体皆可依法平等进入。负面清单模式符合"法不禁止即自由"的法治理念，是转变经济和社会治理模式的积极探索，也是新时期治国理政方法的重大转变。其次，改革工商登记制度，释放市场主体活力。通过工商登记制度改革，推进工商注册制度便利化，大力减少前置审批，由先证后照改为先照后证，有利于鼓励全民投资兴业，释放市场活力，也有助于转变政府职能，简政放权，加快建设服务型政府。再次，鼓励和支持非公有制经济参与国有企业改革，进入金融服务、公用事业、基础设施、军民融合等领域。允许非公有资本参与电力、邮政、电信、铁路、民航、石油、矿产资源等行业资产重组，鼓励投资教育、文化体育、医疗卫生等领域，建立多方参与的规范的覆盖广泛的公共服务体系。此外，非核心公共物品的提供也应大量引入社会和市场机制。最后，进一步整顿和规范市场秩序，坚决打击制假售假、商业欺诈、偷逃骗税和侵犯知识产权行为。必须深化流通体制改革，废止妨碍公平竞争、设置行政壁垒、排斥外地产品和服务的各种分割市场的规定，打破行业垄断和地区封锁；必须强化市场主体的自我约束，并按市场化原则规范和发展各类行业协会、商会等自律性组织；各级各部门必须从推动市场经济健康发展、保障人民生命安全的高度，认识到市场秩序建设的重要性，加强市场法治建设，从严执法，从严监管。通过综合采取各项措施，形成行政执法、行业自律、舆论监督、群众参与相结合的市场监管体系。

（3）继续推进政企、政资、政事、政府与市场中介组织分开

首先，凡是应该由企业自主行使的生产经营和投资决策权，都要由企业

自行决定、自行负责，各级政府及其部门不得包办企业投资决策，干预企业正常的生产经营活动。要重视行业协会的发展，明确定位协会为企业服务的职能，规范协会行为，引导其自律发展；重视协会代表企业反映的问题，与协会在政策制定与执行、标准制定等方面合作，借助协会的组织能力和协调能力提高政策的执行力。其次，要全面推进承担行政职能的事业单位改革，理顺政事关系，实现政事分开；持续推进放管服改革，建立政府权责清单等制度，对事业单位承担的行政职能进行彻底清理，取消、转移和下放，将事业单位保留的行政权力事项全部列入各级政府权责清单并对外公布。为了更好地实施政事分开，应当遵循政府统筹、社会参与、公共利益取向、精简统一效能、务实求真和有所为有所不为的具体实施原则；同时，正确处理好行政体制改革与事业单位体制改革并进、政府宏观领导与发挥事业单位积极主动性并行、公共利益取向与办事效率并重、发挥传统体制优势与推进体制创新并举等几方面的关系。最后，要实现市场中介组织在工作、组织、经济、场所等方面与政府部门彻底分开，加强制度规范、诚信建设、体制改革，通过出台相关规范性文件，从登记备案、行政问责、行业自律、失信惩戒等方面形成对市场中介组织的监管制度体系，进一步明晰政府、市场和中介组织的关系，规范市场中介组织的发展。

3. 变管理为治理，实现公共管理科学化

"治理"是一个新的概念、新的提法，从"管理"到"治理"，一字之差凸现了我们党执政理念的升华、治国方略的转型，将对中国未来发展产生重大影响。国家治理体系和治理能力是一个国家制度和制度执行能力的集中体现，国家治理体系是在党领导下管理国家的制度体系，包括经济、政治、文化、社会、生态文明和党的建设等各领域体制机制、法律法规安排，也就是一整套紧密相连、相互协调的国家制度；国家治理能力则是运用国家制度

管理社会各方面事务的能力，包括改革发展稳定、内政外交国防、治党治国治军等各个方面。要"推进国家治理体系和治理能力的现代化"，把本着"为民做主"和"替民做主"的思想来制定"自以为是"的"公共政策"，转变为本着公平公正的原则，创造和维护一种让不同群体都能表达利益诉求的"公共平台"，引入"公共治理"的概念，允许并鼓励民众参与公共管理。这种变革意味着八种转变：一是由政府管控转变为多元共治，二是由政府决策转变为公共决策，三是由命令式管理转变为协商式管理，四是由政府主导优先转变为社会自主优先，五是由政府维稳为中心转变为公民维权为中心，六是由政府替民做主转变为公民自我做主，七是由政府政绩为导向转变为民众满意为导向，八是由"警察抓小偷"式的官民关系模式（命令服从关系模式）转变为"财主雇家丁"式的官民关系模式（委托代理关系模式）。东北老工业基地地方政府要变管理为治理，大力推进国家治理体系和治理能力现代化，实现公共管理的科学化。

（1）大力发展和规范各类社会组织，提高社会自治能力

社会组织是人们为了有效地达到特定目标按照一定的宗旨、制度、系统建立起来的共同活动集体，它有清楚的界限、明确的目标，内部实行明确的分工并确立了旨在协调成员活动的正式关系结构。为提高社会自治能力，东北老工业基地地方政府要大力发展和规范社会中介组织，特别是行业协会、商会，社会行为性中介组织，为市场主体提供服务的中介组织，充分发挥这些社会中介组织在经济发展、对外贸易、社会管理和公共服务方面的作用；要大力发展和规范社会团体和民办非企业单位，发挥各种学会、协会、研究会等组织在提供社会公共产品方面的作用；要实现政事分开，各级政府要采取措施强令政府部门把属于事业单位的技术性和服务性职能转移给事业单位，同时改变政府对事业单位的管理方式，让有条件的事业单位走向社会，进入市场，通过引入市场竞争机制提供优质的公共产品和服务；要提高社会

自治能力，加强农村村民自治和城市社区建设，完善基层群众性自治机制，增强城乡社区自我管理、自我服务的功能，不断提高公民社会的自治水平。

（2）探索政府与社会共同治理的新模式

治理理论的兴起是对传统管理方式的变革。治理主体不再是完全通过行政控制的手段来解决社会问题，而是要更多地通过服务来营造发展环境，治理主体之间不再单纯是权力支配过程，而更多的是普遍合作的行为模式。要把"群众想办的"和"政府想办的"结合在一起，并建立"该办什么、怎么来办，由群众说了算"的民主管理机制，让群众直接参与兴办公益事业和发展经济等重大事项的民意调查、项目决策、资金管理、清算公示等全过程。同时，要与社会组织和第三部门形成共同治理的新模式，提高政府服务水平，培育公民社会。

（3）以政府购买公共服务推进服务型政府建设

政府购买公共服务是指政府通过公开招标、定向委托、邀标等形式将原本由自身承担的公共服务转交给社会组织、企事业单位履行，以提高公共服务供给的质量和财政资金的使用效率，改善社会治理结构，满足公众的多元化、个性化需求。党的十八届三中全会明确要求在公共服务领域更多利用社会力量，加大购买服务力度，强调"推广政府购买服务，凡属事务性管理服务，原则上都要引入竞争，通过合同、委托等方式向社会购买"。东北老工业基地地方政府要在既有预算中安排支出，以事定费，规范透明，强化审计；同时，建立严格的监督评价机制，全面公开购买服务的信息，建立由购买主体、服务对象及第三方组成的评审机制，评价结果向社会公布。要使政府从公共服务的直接提供者转变成公共服务的监管者，从主要管理下属事业单位向管理社会需求转变，通过重构政府与市场、政府与社会的关系，把该放的权力放掉，把该管的事务管好，激发市场主体和社会主体的创造活力，把政府工作重点转到监督、保障、提供优质公共服务以及维护社会公平正义上来。

4. 改革政府内部管理体制

改革政府内部管理体制可以促进规范化服务型政府建设，加强机关内部管理规范化、制度化，切实转变政府机关工作作风，提高干部队伍素质，提高行政效能，充分调动行政管理人员的积极性，从而全面有效完成各项工作目标任务。东北老工业基地地方政府应当从合理匹配事权财权、确保权责清单制度落实、推进终身行政责任追究、完善政府绩效评估指标体系四方面着手，大力改革政府内部管理体制。

（1）深化机构改革，合理匹配事权与财权

精简合并职能交叉重复的部门，实行大部制，推进机构和编制法定化。继续优化组织结构，减少行政层级，理顺职责分工，推进电子政务，提高行政效率，降低行政成本。要合理配置政府间事权和财权，在明确划分事权的基础上，合理划分政府间财权，建立起科学、规范、透明的政府间财政转移支付体系。

推进政府事权改革，需要突破传统的层级管理理念和模式，不断理顺层级政府之间、条块之间的关系。一是在明确各级政府的职能分工上有所突破；二是在合理划分各级政府的管理权限上有所突破；三是在理顺垂直管理与地方政府的关系上有所突破；四是在解决部门上下对口的模式上有所突破；五是在减少行政层级、实行省直管县的体制上有所突破。解决这些问题，必然涉及上下左右之间错综复杂的关系，触及方方面面的利益，需要加强改革的顶层设计，统筹兼顾，逐步加以推进。推进政府财权改革就是推进财政分权，所谓财政分权是指中央政府给予地方政府一定的税收权和支出责任范围，允许地方政府自主决定其预算支出规模和结构。而财权分权改革就需要重新调整中央地方财权事权分配，逐渐改变以地方政府融资平台为主体，以土地储备作为抵押支持，以银行信贷作为主要资金来源的地方政府融资模式，开辟地方政府新的财源来取代"土地财政"。

（2）确保权责清单制度落实到位

一是建立依法支撑权责清单的制度。我国的立法权大部分集中在中央，各级地方政府的法定权力大部分都是自上而下授权的。因此，权责清单制度的全面推行，有赖于在国家层面上建立权责清单制度。近年来，对于重大问题由地方党委作出决定并对相关部门提出要求，然后由政府研究制定实施意见，分解任务责任，向相关部门授权，已成为常用的领导方法。但一些地方依法授权的意识不强，缺少必要的法律程序，以致有部分授权没有法律依据。按照依法治国的根本要求，今后出台给政府授权的政策性文件必须符合法定职权和法定程序，依法授权，杜绝没有法律依据的授权。同时坚持权力事项库制度，用制度和技术手段使未经法定程序入库的权力无法行使。二是建立权责清单动态调整制度。政府权力的调整是一个长期的过程，也是一个法治化程度很高的过程，需要适应经济社会发展和转型的进程，根据执法依据和政府职能转变等变化，及时对权责清单进行调整，按规定程序确认公布，确保权责清单科学有效、与时俱进，确保政府职权管理科学化、规范化、法制化。三是建立行政权力运行流程优化制度。权力配置和权力运行是权责清单制度的两翼。随着治理理念的转变，人员素质的提高，治理能力的增强，信息技术的不断进步和广泛运用，行政权力运行流程具有很大的改善空间，特别是权责清单制度促进了电子政务普及化、智能化，有可能给行政权力运行流程带来革命性的变化。因此，需要按照规范运行、技术先进、便民高效、公开透明的要求，建立行政权力运行流程优化制度，整合网上网下，减少办事环节，压缩办理时限，简化办事手续，降低办事成本，实现全程公示，"让数据代替百姓跑路"，进而实现便捷的"一站式"网上服务，并用电子政务系统设定的程序来规范行政权力运行流程，提高权力运行效益，确保权力行使公平公正、依规合法。四是建立和完善事中事后监管制度。简政放权和完善监管是一个硬币的两面。对于取消和下放的审批事项，必须建立责任明确、任务清晰、程序规范的事中事后监管制度，力求使监管可操作、可监督、可追溯，确保监管真正到位，把上下级政府从职权同构变为监督者与执行者的关系，克服权力下放后容易出现的熟人社会和"领导个人说了算"对依法行政的干扰，避免重蹈"一放就乱"的覆辙。五是要健全违法行政责任追究制度，强化对行政不作为、乱作为的问责，完善问责程序，公开问责过程，明确问责主体和对象，增强行政问责的可操作性。六是创新事业单位和社会组织管理制度。政府公共服务职能的转移需要"接盘"。但目前社会组织尚无能力成为政府转移职能的主要承接者。因此，政府转移的公共服务职能相当一部分应该由事业单位来承载。这就需要加快推进事业单位改革，实现事业单位的去行政化和去垄断化，发挥事业单位的人才优势，让事业单位充满活力，蓬勃发展。政府对社会组织既要支持，又要尊重社会组织自身发展的规律，创新社会组织管理制度。通过立法来规范社会组织，赋予社会组织应有的责任，通过政府购买服务来支持社会组织，真正体现公正公平管理，使其良性发展。七是形成以权责清单制度撬动其他改革的机制。按照权责一致和权力法定的原则，适时开展乡镇人民政府和城区街道办事处的职权清理工作，制定权责清单。城乡社区自治组织只拥有自治权力，政府部门不能委托它们行使行政权力。对于委托社区服务中心履行的服务职能，也必须经过法定的委托程序，不能随意把政府部门的职责推卸给社区。深化行政执法体制改革。实行行政执法权的横向整合纵向下放，进一步完善行政执法的法规依据和执法流程，增强执行对象、执行方式、执行手段的可操作性，进一步明确管理与执法各自的职责，在管理部门和执法部门之间建立制度化的沟通渠道和执法"倒逼"管理的机制，从行政执法的重点难点中找出问题改善管理。深化政府机构改革。根据部门权力的调整变化，优化政府机构设置，使机构编制的配置与职责和工作量的调整相匹配。在政府大幅度放权的领域和层次，相应大幅度压缩机构编制，及时消除人浮于事现象，防止为保机构编制而揽权；在政府缺位的领域，根据客观需要增加机构编制。通过职权体系、组织体系和人员结构的优化，更好地促进政府治理体系的优化，从而实现政府治理的现代化。

（3）强力推进终身行政责任追究

在制度设计中应从体系衔接、责任对接、细化标准等方面予以全面科学考量，重点从以下几个方面强力推进终身行政责任追究。第一，明确追责主体。追责主体分为追责建议主体和追责决定主体。我国现行制度体现为按照干部管理权限的同体问责。党的组织系统的领导干部由党委决定问责，政府及其相关机构的领导干部由产生它的权力机关人民代表大会决定问责，由政府直接任命的部门干部由政府决定问责。谁授权谁问责是一般规律，权力最终来源于人民。因此，要适度增加党政权力体制外公众的问责因素，增加异体问责的制度设计。一是要明确人大在责任追究中的决定作用，二是增强媒体的作用，三是发挥公民及社会团体的作用。

第二，明确责任承担主体。要将党务领导干部纳入"负有责任的其他领导人员"中，重大责任终身追究应实行"党政同责"。在党政同责的基础上，需要进一步分清行政首长的决定权与党委集体负责制的权力之间的边界；明确决策者个人的责任与集体决策的责任分担规则；上级领导责任与直接责任之间的边界；主要领导责任、重要领导责任、直接责任都需要明确区分。而行政首长负责制的情况下，则由行政首长承担主要领导责任，分管领导承担重要领导责任，直接工作人员承担直接责任。

第三，完备追责程序。这涉及追究责任的程序设计问题。一是程序核心在于公开透明与民主参与。党的十八届三中全会明确提出，要推进"决策公开、结果公开"，公开是监督的前提。在决策执行后，民众享有知情权，能够客观地对决策效果进行评估，确认责任主体，便于公众行使对重大决策失误情形的线索反馈、建议追责等权利。同时，终身责任追究的过程也应向公众公开，增加透明度，以公开保证责任追究的正当性。二是规定完备的追责程序，如提案、立案、调查、申辩、审议、决定、复议、申诉等，保证被追责人的合法的救济权，违反法定程序的责任追究无效。

第四，明确追责标准。要明确终身责任追究的具体、可操作性的标准。一要建立一套普遍、公开、细致的问责事由标准，如重大决策失误，"重大"应予以量化可行。目前，"三重一大"决策制度的规定可为借鉴，对"重大"作出授权性规定，授权各地根据本地经济社会发展水平，如决策涉及多大金额、涉及什么人员、涉及怎样的事项属于重大应予量化。"失误"是指主观上存在过失，采取的是主观过错原则，主观过错的认定标准应进一步细化，如规定"应为"而"未为"等外在行为推定主观是否存在过错。再如"重大损失"之"重大"及"恶劣影响"之"恶劣"都应根据中央精神结合本地实际作出明确规范。二要明确决策阶段的追责标准，要根据决策不同阶段细化责任追究标准。决策程序一般可分为"调查、设计、选择、评估纠正"四个阶段，每个阶段的决策者或者执行者应依据什么标准承担相应的责任必须在制度中予以明确。

第五，明确责任类型，终身追责追哪些责任？当前，随着纪法分开，纪在法前，责任追究的重心已经从"行政责任""法律责任"更多地转向"政治责任""道义责任"，并集中体现在组织处理和党纪责任的追究上。而"重大决策终身责任追究"，由于其性质的严重性，不但会涉及一部分非直接决策人员的党纪政纪处分，对于领导者、分管者、直接责任人还会追究更为严重的责任。对此，应构建明确的责任体系，横向上，明确对于重大决策不同环节所涉及的人员应承担何种责任；纵向上，党政之间、正副职之间、不同层级之间的问责应作出具体规定。

第六，明确终身追责与时效制度的对接。重大决策终身责任追究，关键在"终身"，即无论涉事者调离、辞职、退休等变动，都要承担相应的决策责任，但刑事、行政、民事诉讼制度中都有相应的时效制度的安排。司法中的时效制度是维护社会关系稳定性的重要制度，是法的秩序价值的重要体现，也是世界各法治国家的通例。但组织处理，剥夺（撤销）荣誉称号、待遇等，党纪、政纪的处分不受时效限制。责任终身追究并不是要求所有的责任类型都能无限期地追究，当责任追究法律责任，又没有超过时效，则各类责任追究没有影响；如果超过法律诉讼时效，则追究除法律责任之外的其他责任，而免予司法追究。

（4）完善政府绩效评估指标体系

政府绩效评估就是政府自身或社会其他组织通过多种方式对政府的决策和管理行为所产生的政治、经济、文化、环境等短期和长远的影响和效果进行分析、比较、评价和测量。对政府绩效进行评估，是规范行政行为、提高行政效能的一项重要制度和有效方法，也是保证政府行政效率和实现国家治理现代化的重要举措和基本工具，其中政府绩效指标体系的科学合理构建是确保政府绩效评估有效性的基本前提，因此完善东北老工业基地的绩效评估指标体系对提升政府绩效管理与创新水平十分必要。根据习近平总书记关于推动东北老工业基地振兴而强调的四个着力点指导内容可以明确，目前对于以实现东北老工业基地政治、经济、文化、社会及生态"五位一体"全面发展为目标所制定的政府绩效评估指标体系的完善与优化，应从健全体制机制、推进结构调整、鼓励创新创业、保障和改善民生四个维度展开。

第一，关于绩效指标体系的宏观总体构建应遵循系统化和规范化原则，建立健全绩效评估指标体系所涉及的相关体制机制。指标体系的设计要体现东北老工业基地的发展特点，在稳定常规绩效成果的基础之上，制定并补充更加适用于东北老工业基地绩效管理的具体指标内容，进一步推进东北老工业基地重点专项领域的改革与实践。

第二，针对东北老工业基地的政府绩效评估指标体系的结构进行调整，是纠正目前其政绩考核过程中所存在的"唯经济指标"导致"数据注水"现象频发等偏误的必要举措。因此，政府绩效评估指标体系的构建应呈现多领域兼顾的特征，即既要对东北老工业基地的优势产业发展进行客观评价，同时也要兼顾对现代化服务业、农业以及基础设施等方面发展情况的量化测度，及时优化和调整评估指标体系的框架结构，以避免政府绩效管理的狭隘化。

第三，政府创新在评估体系中往往是处于较高层次的衡量政府绩效管理水平的具体指标，而关于东北老工业基地的治理创新发展，则较多体现在东北地区的区域协同和人才战略方面。因此对于政府绩效指标体系的完善，应在摒弃旧的不相适的繁琐考核制度基础上，积极探索更加科学的同时涵盖能够体现区域创新及人才发展的关键指标的评价体系。

第四，关于保障和改善民生方面，具体涉及重点民生问题和民生工程两个层面，是政府绩效评估的重要内容。其强调在完善评估指标体系时要顺应民生需求，要以促进公共服务改善、维护人民群众根本利益为设计理念，补充对东北老工业基地的社保、就业、棚户区和独立工矿区改造等重点领域建设的关键评价指标的选取，以此强化绩效管理中保障民生发展的政府效能。

5. 依法行政，打造法治政府

法治是建立良好政府治理的基石，改善政府治理的首要任务是建立法治政府，用法律规范和制约政府权力，使之在法律的框架内运行。东北老工业基地地方政府要从以下三个方面全力打造法治政府：

（1）用法律来规范政府职能与职权

一是完善行政组织、行政程序相关法律制度，推进机构、职能、权限、程序、责任法定化。二是推行政府权力清单制度，坚持法定职责必须为、法无授权不可为，坚决纠正不作为、乱作为，坚决克服懒政、怠政，坚决惩处失职、渎职，坚决消除权力设租寻租空间。三是推进各级政府事权规范化、法律化，强化省政府统筹推进区域内基本公共服务均等化职责，强化市县政府执行职责。四是推进行政审批制度改革，统一清理和公布行政许可项目，取消非行政许可审批事项，清理减少行政事业性收费，定期公布收费目录清单，加快发展、规范管理中介机构。五是规范政务服务平台建设，除因涉密等特殊情况外，所有行政审批和公共服务事项均纳入政务服务平台受理办理。六是依托省、市、县、乡四级政务（便民）服务网络，建立法律服务平台，负责法律宣传咨询、矛盾纠纷调解等工作。七是建立统一规范的公共资源交易平台，推进公共资源交易公开透明集中依法进行，严格落实交易监管问责制度。八是建立健全政府向社会力量购买服务机制，通过有效动员社会力量，构建多层次、多方式的公共服务供给体系，提供更加方便、快捷、优质、高效的公共服务。

（2）用法律法规来规范和保障科学民主的政府决策机制

在公共行政活动中，政府决策作为最首要环节，支撑着各项行政职能的正常运行，但是随着社会主义市场经济的快速发展，我国政府决策机制却出现一系列问题，因此，亟须用法律法规来规范和保障科学民主的政府决策机制。首先，应把合法性作为行政决策的第一要件，明确行政决策范围、权限、规则和程序，把部门论证、公众参与、民主协商、专家论证、专业机构测评、成本效益分析、风险评估、合法性审查和集体讨论决定作为重大行政决策必经程序。其次，建立行政机关内部重大决策合法性审查机制，未经合法性审查或经审查不合法的，不得提交讨论。再次，积极推行政府法律顾问制度，建立政府法制机构人员为主体、吸收专家和律师参加的法律顾问队伍，保证法律顾问在制定重大行政决策、推进依法行政中发挥积极作用。最后，建立重大决策终身责任追究制度及责任倒查机制，对决策严重失误或依法应该及时作出决策但久拖不决造成重大损失、恶劣影响的，严格追究行政首长、负有责任的其他领导人员和相关责任人员的法律责任。

（3）切实完善具体执法细则

依法行政离不开具体执法细则的完善，具体可以从以下四个方面来进行：一是完善执法程序，建立执法全过程记录制度。明确操作流程，重点规范行政许可、行政处罚、行政强制、行政征收、行政收费、行政检查等执法行为，严格执行重大执法决定法制审核制度。二是健全行政执法裁量权基准制度。细化、量化行政裁量标准，规范裁量范围、种类、幅度，推行行政执法裁量权案例指导制度。三是加强行政执法信息化建设和信息共享，推行行政执法流程网上运行和行政执法文书电子化，提高执法效率和规范化水平。四是推进综合执法。加快推进执法重心向市县下移，大幅减少市、县两级政府行政执法队伍种类，加强食品药品安全、工商质监、公共卫生、安全生产、文化旅游、知识产权、资源环境、农林水利、交通运输、城乡建设等重点领域综合执法，健全行政执法争议协调机制。加强市、县两级政府行政执法管理统一领导和协调，理顺行政强制执行体制。开展城市管理综合性立法，理顺城管执法体制，加强城市管理综合执法机构和执法队伍专业化建设，运用大数据建立数字化城市管理平台。五是完善行政执法与刑事司法衔接机制。健全案件移送标准和程序，建立行政执法、公安、检察、审判等机关信息共享、案情通报、案件移送制度，实现行政处罚和刑事处罚无缝对接。依法加强案件移送监督管理，对该移送不移送、该受理不受理、该立案不立案的，严格追究相关方面的责任。

总而言之，加快制度建设，用科学制度保障政府管理创新是推动东北老工业基地政府管理创新的重中之重，应在切实转变政府职能，明确政府在国家治理体系中的位置，推进市场化进程，增强全社会的创新活力，变管理为治理，实现公共管理科学化，改革政府内部管理体制以及依法行政，打造法治政府等方面加以持续推进。

五、全面高效履职，用实际行动落实政府管理创新

1. 全面贯彻落实中央有关东北老工业基地振兴的战略部署

2016年10月18日，国务院召开振兴东北地区等老工业基地推进会议，部署进一步推动东北振兴工作。会议审议通过《关于深入推进实施新一轮东北振兴战略部署加快推动东北地区经济企稳向好若干重要举措的意见》。东北老工业基地地方政府要全面落实中央有关东北振兴的战略部署，坚决抵制在行为落实中的形式主义，杜绝"上有政策，下有对策"的现象，要切实提升行为落实的力度和水平，形成中央政府与地方政府间的良好互动。

面对中央的有关战略部署，东北老工业基地地方政府要积极展开学习与研讨工作，深入研读，领会战略部署的核心精神。中央政府是发展方向的把控者和掌舵者，是宏观层面上的统筹者和规划者，因此，由中央出台的相关政策、战略部署均为顶层设计，不涉及具体的政策工具和实施路径，那么此时便凸显了地方政府在行为贯彻与落实中的作用。地方政府要在深入领会政策精神的基础上，充分借鉴其他较发达地区的成功经验，并结合东北老工业基地的地域发展实际，细化战略目标，提出符合老工业基地发展现实且具有创新性的具体实施方案，以此促进东北老工业基地振兴的战略部署在地方的放大化和扩大化，切实实现中央有关东北老工业基地振兴的战略部署在地方的全面贯彻和落实。东北三省人民政府要强化东北振兴的主体责任，转变观念、振奋精神、扎实苦干，创造性开展工作。对《中共中央　国务院关于全面振兴东北地区等老工业基地的若干意见》、《国务院关于近期支持东北振兴若干重大政策举措的意见》（国发〔2014〕28号）等政策文件提出的重大政策措施、重点任务和重大工程，要逐项明确责任、提出要求、规定时

限，确保各项措施任务落实到位。完善老工业基地振兴工作的领导、协调、推进和督查考核机制，充分发挥各省（区）老工业基地振兴工作领导小组作用，设立办公室，充实地方各级政府老工业基地振兴工作力量。

2. 提高政府决策行为的科学性与民主性

东北老工业基地地方政府是行政决策主体，要切实提高政府决策行为的科学性与民主性，不仅须增强决策主体的能力和水平，而且务必秉持参与主体多元化的行为准则，同时要深刻把握科学决策、民主决策和决策公开等原则。就决策主体而言，东北老工业基地地方政府要加强对行政人员的培训工作，不仅要注重职业道德和素养的提升，也要注重专业技能和水平的增强，从而有效提升行政人员的行政能力，提高政府决策行为的科学性。就参与主体而言，在行政决策的过程中，东北老工业基地地方政府要促进参与主体的多元化，一方面要将专家、学者作为重要的参与主体引入其中，积极组建专家库，在决策前展开专家咨询和论证，鼓励专家、学者们从学理和专业的角度为行政决策建言献策；另一方面也要注重公民群体在政府决策中的重要作用，东北老工业基地地方政府要积极拓宽公民参与决策的方式和渠道，广泛地吸纳民智民意，凝聚民力民心，从而有效地提升政府决策行为的科学性与民主性；最后，还要考虑到发挥民间组织、特殊群体的广泛参与作用，创新政府决策机制，推动社会组织参与制度化。

另外，切实提高政府决策行为的科学性与民主性，还离不开对决策原则的深刻把握。一是坚持科学决策原则。贯彻落实科学发展观，秉承科学发展、协调发展、可持续发展的理念，以科学的决策理论为指导，运用科学的决策方式方法，选择最优的决策方案，使决策符合经济社会发展规律，符合经济社会发展需要。二是坚持民主决策。实行民主集中制，把公众参与、专家论证和集体讨论决定作为重大决策的必经程序，充分发扬民主，广纳良

言，吸取各方智慧。三是坚持决策公开。按照公开是原则、不公开是例外的
要求，积极公开行政决策的事项、依据和结果等。

3. 改进政府监管行为的有效性

政府监管，又被称为政府规制或管制，是市场经济条件下政府为实现某
些公共政策目标，对微观经济主体进行的规范与制约。面对新产业、新技
术、新业态、新模式的蓬勃出现，监管的政策覆盖面、手段创新性、措施有
效率都存在短板，需要与时俱进不断完善。而改进政府监管行为的有效性首
先就要从监管方式和监管力度两方面着手。在监管方式上，东北老工业基地
地方政府要变事前审批为事中事后监管，同时要坚决摒弃以罚款代替监管的
非正义行为，要着力强化政府监管中的行政指导行为。面对违规情形严重且
屡教不改的监管对象，行政处罚手段是必要的，却不可一味地依靠于此，行
政处罚手段的运用仅限于特殊情况下，而行政指导手段的运用才是更为理性
的选择。面对监管对象的违法违规行为，监管者应优先采取善言劝诫、说服
教育的方式，提倡用"下不为例"代替"处罚惩办"。在监管力度上，东北
老工业基地地方政府要坚决抵制监管中的"一阵风"现象，针对问题多发领
域，要加大监管力度，提升检查频次，促进政府监管常态化机制的形成。总
之，通过转变监管方式和加大监管力度，双管齐下，改进东北老工业基地政
府监管行为的有效性。

其次，要推进综合监管。各类市场主体千差万别，越来越多的企业跨行
业、跨区域经营，要做到有效监管，必须建立综合监管体系，发挥好各种监
管资源的最大效益。长期以来，东北老工业基地存在着多头执法、重复检
查、标准不一等痼疾，既加重企业负担，也造成很多不公平问题产生。因
此，要按照权责一致原则，继续推进市、县两级市场监管领域综合行政执法
改革，落实相关领域综合执法机构监管责任。同时，要建立健全跨部门、跨

区域执法联动响应和协作机制，实现违法线索互联、监管标准互通、处理结果互认，消除监管盲点，降低执法成本。此外还要加强行业自律，鼓励社会公众参与市场监管，发挥媒体监督作用，共同织就一张无时不有、无处不在的监管网。

最后，要探索审慎监管。当前新技术、新产业、新业态、新模式层出不穷，是我国发展的希望所在，要使这些新经济持续健康发展，不能不进行监管，否则就可能会引发风险。但这些新经济在发展模式、机制和特点等方面与传统经济有很大的不同，有的远远超出了我们已有的认知能力和水平，监管不能简单套用老办法，否则就可能将其扼杀在萌芽状态，既制约创新创造活力，对创新创业者也不公平。如何合理有效监管，既支持创新发展又防止出现偏差，或者说既不能管死也要防范风险，是我们面临的一个新课题。因此要本着鼓励创新原则，区分不同情况，探索适合其特点的审慎监管方式。对那些看得准的新生事物，比如基于"互联网+"和分享经济的新业态，要量身定制监管模式，不能削足适履，企业也希望通过规范管理，营造行业健康发展的环境；对有些一时看不准的，可以先观察一段时间，不要一上来就把它管死；对于那些潜在风险很大、有可能造成严重不良社会后果的，要严格加强监管，发现问题果断出手；对那些打着创新之名行非法经营之实的，要坚决予以取缔。总之，我们要通过审慎而有效的监管，去芜存菁、修枝壮干，推动新经济持续健康发展。

4. 提升政府服务行为的满意度

让人民满意，这是服务型政府的本质，是机构改革的最终目标。政府是服务行为的提供者，公民是服务行为的接受者，提升政府服务行为的满意度需要供需双方的共同努力，需要形成政府和公民间的双向互动。从服务行为的供给者，即政府的角度看，东北老工业基地地方政府要畅通公民利益诉求的表达渠道，同时须不定期地深入基层、走入工作一线，拉近与公民间的距离，以此明晰现行服务中的不足与缺失，充分了解公民诉求，从而可以对政府的服务行为做出有针对性的调整，提升政府服务行为的满意度。要坚持以人民为中心这一重要原则，着眼于加强重点领域民生工作，立足建立健全更加公平、更可持续的社会保障制度和公共服务体系，在教育文化、卫生健康、医疗保障、退役军人服务、移民管理服务、生态环保、应急管理等人民群众普遍关心的领域加大机构调整和优化力度，着力组建一批新机构，强化政府公共服务、社会管理职能，以此更好保障和改善民生、维护公共安全。实践启示我们，以造福人民为最大政绩，想群众之所想，急群众之所急，办群众之所需，才能建设好人民满意的服务型政府。

从服务行为的接受者，即公民的角度看，公民群体在对政府服务行为产生不满时，要坚决抵制集体行动中的"搭便车"行为，公民需要通过政府网站、热线电话、信箱以及意见簿等方式及时地向有关部门进行反映，从自身出发，为政府相关部门提出有针对性的意见和建议，公民积极建言献策可以促进政府民主决策，而公民通过"群众评议政府"活动也可以行使监督权，从而促进政府和公民间的有效沟通和良性互动，提升政府服务行为的满意度。在利益日益分散、需求更为多元化、决策过程更为复杂的今天，政府机关难以通过其有限的知识和自身能力作出符合公众广泛需求的决策，其代表性的天然不足更使决策过程欠缺合法性与合理性的基础，而公众作为服务行为的接受者，其广泛参与则能更好地解决这些问题，适当的公众参与不仅有助于提高政策制定过程的合法性与合理性，增强政策的权威性，使之在实施过程中得到公众的广泛尊重和认可，还可以提升公众对于政府服务行为的满意度。

5. 全面以法律法规规范政府行政行为

针对国家治理模式的新变化采取必要措施对违法行为和行政不当行为进行约束和问责，进一步强化政府责任，规范政府行政行为是依法治国的基本要求，同时也可以借助法律法规的强化来进一步规范政府行政行为。

第一，全面落实执法责任制。完善行政执法资格核准公告制度，严格确定不同部门及机构、岗位执法人员执法责任和责任追究机制，建立执法依据定期梳理和公布制度，健全行政执法案卷评查、行政执法考评和重大行政行为备案制度，加强执法监督，坚决排除对执法活动的干预，防止和克服地方和部门保护主义，惩治执法腐败现象。通过细化政府行政失范行为的处罚规定，对国家行政人员的失范行为、性质、程度和后果作出明确界定；对行政人员应该承担的"两个责任"进一步进行划分，明确承担具体责任内容以及容易出现的风险点，进一步落实责任追究制度，特别是在多元治理体系之中，必须有效避免"人治大于法治""个别人凌驾于法律之上"的现象出现。

第二，严格实行行政执法人员持证上岗和资格管理制度，未经执法资格考试合格，不得授予执法资格，不得从事执法活动。

第三，全面落实行政执法经费财政保障制度，严格执行罚缴分离、收支两条线和罚没物品依法处理规定，杜绝行政执法经费、行政执法人员福利待遇与罚没收入直接或变相挂钩。

第四，严格执行行政决定。非因法定事由，未经法定程序，不得撤销或变更已经生效的行政决定。依法撤销或变更行政决定造成行政管理相对人和利益相关人合法财产损失，应当依法予以赔偿。要在县级以上政府普遍建立行政复议委员会制度，健全行政复议案件审理机制。

第五，完善行政问责追究制度。在政府实际执行问责追究制度执行过程中容易面对两种困境，一种是被问责官员辞职之后，问责制度并没有对其之后行为进行规定，导致一些官员能够在一段时间之后又以新的身份被任用，缺乏严肃性。另外一种就是在重大事件问责中，为了树立政府形象要牺牲部分官员利益，对这些官员问责情况缺乏必要依据，导致问责过重。为此，为推动政府问责的公正合理，应该确保行政问责与其他层面的责任有效衔接，确保问责制度周密、严谨。

总而言之，全面高效履职，用实际行动落实政府管理创新是推动东北老工业基地政府管理创新的重中之重，应在全面贯彻落实中央有关东北老工业基地振兴的战略部署、提高政府决策行为的科学性、改进政府监管行为的有效性、提升政府服务行为的满意度以及全面以法律法规规范政府行政行为等方面加以强力推进。

第七章 结论

一、研究结论

无论从东北地区来看，还是从全国发展来看，实现东北老工业基地全面振兴都具有重要意义。加快东北老工业基地全面振兴，是推进经济结构战略性调整、提高我国产业国际竞争力的战略举措，是促进区域协调发展、打造新经济支撑带的重大任务，是优化调整国有资产布局、更好发挥国有经济主导作用的客观要求，是完善我国对外开放战略布局的重要部署，是维护国家粮食安全、打造北方生态安全屏障的有力保障。

东北老工业基地各省市是我国最早进入计划经济的地区，但同时也是最晚退出计划经济的地区，计划经济给黑龙江、吉林、辽宁三省经济、社会的发展打下了深深的烙印。近年来，东北老工业基地经济持续恶化的根源在于其深层次的结构性、体制性问题不能满足新常态背景下的经济、社会发展的需要。东北老工业基地的思想观念不够解放，基层地方党委和政府对经济发展新常态的适应引领能力有待进一步加强。

政府在推进东北老工业基地新一轮全面振兴中肩负着重要的历史使命。推进政府管理创新的重点是转变政府职能，有效地发挥政府作用，提高政府行政能力。自2003年实施振兴东北老工业基地战略以来，东北地区经济、社会的各个领域实现全面、稳步提升，但其行政管理上深层次的结构性、体制性问题依然没有得到彻底解决，有些地区、有些方面还相当严重，与社会主义市场经济的本质要求还相差甚远。具体表现为：第一，行政职能转变不到位，尽管一直以来，东北老工业基地地方政府积极响应国家行政体制改革的号召，十分强调放权，以期充分发挥市场主体的作用，但时至今日相关政府部门仍旧习惯于包揽一切，使简政放权改革流于形式，把本该由市场和社会调节的工作变成了自己的职责来履行；在行政监管中，事情审批项目设置过多，公文旅行，多头多脑监管的现象犹存；官本位意识浓厚，以民为本，提供公共服务的质量与水平有待提升，与现代服务型政府的建成还有相当长的距离。

第二，行政方式因循守旧，东北老工业基地各地市政府官员依法行政思想意识淡薄，认识上的偏差导致了政府行政上的人治色彩强烈、主观随意性强，诸多政府管理工作还取决于政府官员的主观意志，带有浓厚的人治色彩；行政机关工作人员人浮于事，相关公务员素质不适应工作需要等问题较为普遍，工作的方式方法陈旧，给政府机关的工作效率、办事质量带来严重挑战；电子政府的相关建设收效甚微，需要加强技术与人力资源投入以跟随时代发展步伐，提升成效。

第三，政府管理机制运行不畅，在行政机构的设立、职能部门的协同及行政系统的运行等方面，东北老工业基地地方政府均需要统筹协调，细致谋划，做出改进与提升。

第四，管理流程设定不科学，当下东北老工业基地地方政府在管理过程中，社会公众参与不够充分，各部门职责划分不够清晰，事中事后的行政监管不够到位，无法保证整套管理流程的科学性。第五，政策法规泛化，自实施振兴东北老工业基地战略以来，中央给予东北各省市的优惠政策不少，而地方政府把握地域特色、进行政策转化与政策配套的能力较弱，没有充分发挥东北老工业基地振兴中所具备的政策优势。因此，东北老工业基地地方政府需要从理念、制度与行为三个层面，进行自我审视，自我查摆，加强政府管理创新的力度，巩固政府管理创新的成效，冲破以往政府管理理念、制度与行为对政府管理创新的阻碍，以全方位的政府管理创新增强基层地方党委和政府对于地方经济、社会发展的引领能力，带领东北老工业基地走向新一轮的全面振兴。

近几年，东北老工业基地各级地方政府强化创新意识，积极从全能型、管制型政府向有限型、服务型、法治型政府转变，在诸多方面发生了积极变化，取得了很大的收效。但从总体上看，与我国东部沿海如江苏、浙江及上海等发达省市相比，东北老工业基地政府管理创新仍然落后于我国经济体制转轨进程的要求，在政府管理的理念、制度与行为上，一系列深层次的矛盾尚待解决。就理念层面而言，一方面，江、浙、沪各省市领导干部行政理念依据国家和地区的发展需要不断快速革新，以正确先进稳健的思想理念制定地区的发展规划，而东北老工业基地的领导干部与之相比，存在较大差距，需要追赶；另一方面，江、浙、沪地区基层行政人员的素质与水平整体上高于东北老工业基地，前者进行管理创新的敏感度强、积极性高，为东北老工业基地基层行政人员树立了学习的榜样；此外，南北方的地域文化与思维模式上的差异，带来了江、浙、沪地区与东北老工业基地政府管理创新水平与成效的差异，前者以追求创新、勇于创新的地域文化以及前瞻性、开放性的战略视野在政府管理创新的成效上高于东北老工业基地一筹。因此，对标江苏、浙江、上海政府管理的理念，东北老工业基地之不足显而易见，需要政府管理创新找齐差距，补不足。

就制度层面而言，与江苏、浙江、上海的制度安排相比，东北老工业基地一是权力责任清单制度缺乏实效性与因地制宜性，公开透明度低，内容大多艰涩难懂，趋于形式化的落实现状无法为东北老工业基地政府管理创新提供制度保障；二是行政责任追究制度尚未得到有效贯彻落实，应当具备的倒逼作用与震慑作用被大大削弱；三是绩效评估制度指标体系单一，无法有效发挥其对于政府管理创新的激励作用。建立适合于市场经济体制运转的现代政府管理制度是东北老工业基地振兴的关键环节，就东北老工业基地目前的政府管理制度安排来看，加强政府管理创新刻不容缓。

就行为层面而言，东北老工业基地受到来自利益集团的阻力较大，利益关系纵横交错，不利于政府管理创新大刀阔斧的改革；而且，在重人情的社会氛围之下，东北老工业基地地方政府在管理过程中更易受到来自人情关系的干扰，使得地方政府管理创新的步伐和进程受到羁绊；此外，东北老工业基地地方政府自身在把握现实状况、推进管理创新能力方面存在短板，与江苏、浙江、上海相比，仍需下苦功夫，努力提升。东北老工业基地政府管理创新不足的问题已经成为制约其经济社会发展的瓶颈，严重影响新一轮东北振兴政策的落实。虽与江苏、浙江、上海等东部发达省市相比，东北老工业基地各省市的发展水平和地方政府管理水平均处于落后地位，但东北老工业基地在我国发展战略中具有与东部沿海发达省市同等重要的战略地位。因此，东北老工业基地地方政府应当认识差距，坚定信心，精准发力，加快提升地方政府管理创新的能力与水平，引领东北老工业基地的振兴之路。

本研究以政府管理创新为主题，深入探讨了东北老工业基地新一轮振兴与地方政府管理创新的内在联系，并在运用关于政府管理创新理论和创新实践研究成果的基础之上，对标国内先进地区，对东北老工业基地政府管理创新的现状与不足进行了综合评价。从理念、制度与行为三个层面，系统分析了东北老工业基地推进政府管理创新所面临的主要障碍，提出东北老工业基地振兴中政府管理创新的目标诉求、总体思路和具体对策，为破解东北老工业基地振兴中的体制机制障碍提供了学理性的支持、分析依据与对策建议。正如李克强总理所言："推动东北经济脱困向好，实现新一轮振兴，事关全国经济发展和转型升级大局，事关区域协调发展全局，事关广大群众福祉。"当前我国东北老工业基地的行政生态较差，"官本位"思想浓厚，强权政治盛行；市场化程度较低，受计划经济体制影响深远；社会力量发育先天不足，公民政治参与意识淡薄。不难发现这些因素与地方政府管理创新间存在密切关系，正是这些问题无法在政府管理创新中获得有效解决，才致使东北老工业基地走向衰落。因此，着力推进地方政府管理创新是振兴东北老工业基地的关键一环和重要抓手，决定着东北老工业基地振兴的历史进程，必须在此项工作上"找准点""下巧力""排万难"。东北老工业基地振兴国家战略的再次实施，为强化地方政府管理创新提供了诸多契机，鼓舞着东北地区各级地方政府优化改革的决心和信心。相信经过党中央、国务院的正确领导，东北地区各级地方政府的共同努力，东北乃至全国人民的大力支持，东北老工业基地的振兴将指日可待。

二、研究不足与未来展望

政府管理创新是实施国家创新驱动发展战略的重要保障，是新时代改革治理创新体系的基本要求。由于长期受计划经济体制和地域文化等诸多因素的影响，东北老工业基地政府职能转变相对迟缓，政府管理创新任务艰巨、形势紧迫。基于当前形势，本研究从政府管理创新的视角出发，梳理东北老工业基地振兴与政府管理创新的关系，对标国内先进地区，以江、浙、沪为参照，对东北老工业基地政府管理创新的不足及成因进行了综合评价与分析，并从理念、制度与行为三个层面，系统分析了东北老工业基地推进政府管理创新所面临的主要障碍，从而有针对性地提出东北老工业基地政府管理创新的具体对策。但本研究也存在一些不足之处，首先，在研究对象上，本研究的对象东北老工业基地为狭义的东北地区，即东北三省，辽宁省、吉林省和黑龙江省，不包括内蒙古东部地区，因此不涉及对内蒙古呼伦贝尔市、兴安盟、通辽市、赤峰市和锡林郭勒盟等地政府管理的研究，研究结果可能对上述地区欠缺一定的解释力。其次，本研究主要是通过案例研究、问卷调查的方法，将黑、吉、辽与江、浙、沪地区的政府管理创新进行对比，在研究方法方面比较单一。最后，本研究选取理念—制度—行为三个层次为研究主线，从三个层面深入剖析政府管理创新不足的表现、成因，政府管理创新的具体内容以及实现路径，但在其他层面是否还存在其创新不足的表现、成因以及创新实现路径，未来还有待进一步研究。

参考文献

[1]夏书章.行政管理学[M].北京:高等教育出版社,广州:中山大学出版社,2013.

[2]陈奇星.上海政府职能转变与政府管理体制创新研究[M].上海:上海三联书店,2009.

[3]周三多,陈传明,鲁明泓.管理学——原理与方法[M].上海:复旦大学出版社,2004.

[4]姚先国,金雪军.浙江地方政府管理创新蓝皮书:2009卷[M].北京:知识产权出版社,2010.

[5]赵光勇.政府改革:制度创新与参与式治理[M].杭州:浙江大学出版社,2013.

[6]叶劲松,张建芬.转型期的地方政府职能与管理方式[M].北京:国家行政学院出版社,2003.

[7]李佳佳.从地方政府创新理解现代国家:基于非协调约束的权力结构的分析框架[M].上海:学林出版社,2015.

[8]俞可平.论国家治理现代化[M].北京:社会科学文献出版社,2014.

[9]张创新,李双金.中国地方政府职能部门管理前沿问题专题研究[M].长春:吉林大学出版社,2012.

[10]朱光磊.中国政府发展研究报告(2016)[M].北京:中国人民大学出版社,2017.

[11]朱宇，王爱新，王刚.黑龙江经济发展报告（2017）[M].北京:社会科学文献出版社，2017.

[12]蒋硕亮.中国（上海）自贸试验区制度创新与政府职能转变[M].北京:经济科学出版社，2015.

[13]国务院研究室.政府工作报告汇编（2016）[M].北京:中国言实出版社，2016.

[14]黄金辉，丁忠毅.中国国家软实力研究述评[J].社会科学，2010(5).

[15]何增科.论进一步推进政府管理创新[J].学习与探索，2007(3).

[16]竺乾威.政府管理创新若干问题的思考[J].中国行政管理，2012(2).

[17]彭向刚.论政府创新与老工业基地建设[J].云南行政学院学报，2006(2).

[18]杨恺钧.东北地区区域经济发展与地方政府管理行为创新[J].哈尔滨商业大学学报(社会科版)，2006(3).

[19]彭向刚.论政府创新与老工业基地建设[J].云南行政学院学报，2006(2).

[20]李靖，张舜禹.东北地方政府创新动力之现状、原因与对策——基于"中国地方政府创新奖"的分析[J].东北师大学报(哲学社会科学版)，2013(5).

[21]刘桂芝，张赫，韦红云.县级政府管理创新的财力保障:相关性与对策思路[J].管理世界，2013(3).

[22]何强.政府创新与振兴东北老工业基地[J].黑龙江对外经贸，2005(8).

[23]花蕾.振兴辽宁装备制造业中的政府管理创新[J].社会科学辑刊，2008(3).

[24]王澜明.继续推进政府管理创新进一步建设服务型政府[J].中国行政管理，2011(1).

[25]王智辉.政府管理创新探究——基于新公共管理视角[J].长白学刊，2010(2).

[26]杨雪冬.县级官员与"省管县"改革（Ⅰ）——基于能动者的研究路径[J].北京行政学院学报，2012(4).

[27]李强.推行权力清单制度打造有限有为有效的法治政府和服务型政府[J].中国机构改革与管理，2014.

[28]刘武，李文子.城市公交服务乘客满意度指数模型[J].城市交通，2007(6).

[29]刘武，朱晓楠.地方政府行政服务大厅顾客满意度指数模型的实证研究[J].中国行政管理，2006(12).

[30]李永久，王玲.我国地方政府创新的制度空间与路径选择[J].党政干部学刊，2008(8).

[31]康成文.东北老工业基地振兴战略实施十年：绩效与差距分析[J].哈尔滨商业大学学报(社会科学版)，2015(5).

[32]姜四清，王姣娥，金凤君.全面推进东北地区等老工业基地振兴的战略思路研究[J].经济地理，2010(4).

[33]耿丽华.东北老工业基地的振兴精神论析[J].辽宁大学学报(哲学社会科学版)，2014(3).

[34]东北亚研究中心"东北老工业基地振兴"课题组.东北老工业基地振兴与区域经济的协调发展[J].吉林大学社会科学学报，2004(1).

[35]张国勇，娄成武，李兴超.论东北老工业基地全面振兴中的软环境建设与优化策略[J].当代经济管理，2016(11).

[36]林木西.探索东北特色的老工业基地全面振兴道路[J].辽宁大学学报(哲学社会科学版)，2012(5).

[37]宋冬林.关于东北老工业基地调整改造的主要问题和思路[J].吉林大学社会科学学报，2004(1).

[38]张福贵.东北老工业基地振兴与东北现代文化人格的缺失[J].社会科学辑刊，2004(6).

[39]赵儒煜，杨彬彬.论东北老工业基地新一轮振兴的几个问题[J].经济纵横，2016(8).

[40]李许卡，杨天英，宋雪.东北老工业基地转型发展研究——一个文献综述[J].经济体制改革，2016(5).

[41]陈才，佟宝全.东北老工业基地的基本建成及其历史经验[J].东北师范大学学报，2004(5).

[42]赵金山.东北老工业基地存在的主要矛盾及其实现振兴的有利条件[J].现代情报，2005(4).

[43]纪玉山，代栓平.东北老工业基地振兴:一个结构主义视角[J].经济与管理研究，2006(11).

[44]姚伟龙，陈闯，薛岩晗.振兴东北老工业基地对策研究[J].税务与经济，2007(2).

[45]汤吉军.再论振兴东北老工业基地的新思路[J].东北亚论坛，2006(1).

[46]张万强.新常态下东北老工业基地供给侧矛盾及改革路径研究[J].内蒙古社会科学(汉文版)，2016(4).

[47]崔玉顺.以体制转轨推进东北老工业基地振兴[J].人民论坛，2011(23).

[48]符国涛，张文松.因利乘便，推进政府管理创新[J].管理世界，2013(3).

[49]张廷君.我国地方政府管理创新的路径模式及抉择规律分析[J].经济学家，2011(9).

[50]彭国甫.绩效评估:地方政府管理创新的新途径[J].西安交通大学学报(社会科学版)，2007(4).

[51]蓝志勇.政府管理创新的瓶颈因素及其分析[J].学术研究，2006(7).

[52]程倩.以服务型政府建设推动社会管理创新[J].中国行政管理，2012(8).

[53]马成祥.新公共管理视角下我国政府管理模式的创新[J].改革与开放，2011(4).

[54]郁建兴，张利萍.市场化进程中地方政府的角色调适与管理创新——以浙江省为研究对象[J].理论探讨，2013(4).

[55]李习彬.中国政府管理创新体系研究[J].国家行政学院学报，2002(6).

[56]张玉明，王洪生.基于云创新的政府管理创新研究[J].东南学术，2014(2).

[57]许耀桐，曹胜.转变政府管理方式推进政府管理创新[J].科学社会主义，2010(3).

[58]唐兴霖，唐琪.政府管理创新的影响因素分析[J].江苏行政学院学报，2011(6).

[59]卓越，刘永良.政府管理的创新机制——从组织文化到绩效文化[J].行政论坛，2010(4).

[60]王华薇.地方政府管理创新的内容及路径探析[J].理论探讨，2013(1).

[61]匡自明，韦锋.中国地方政府管理创新的悖论分析:动力与困境[J].云南行政学院学报，2006(2).

[62]王丽平，韩艺.创新政府管理和服务方式的原则和领域[J].中国行政管理，2008(1).

[63]陈建.政府管理创新与经济发展的互动关系分析[J].改革与战略，2008(12).

[64]蒋或，蔡陈聪.公民社会视域中的中国地方政府管理创新研究[J].南通大学学报(社会科学版)，2015(2).

[65]高小泉.政府管理创新善治路径构建[J].人民论坛，2016(8).

[66]张创新，任庆伟.十七大以来政府管理创新的思路与举措[J].湖南社会科学，2013(3).

[67]李涛，刘雪焕.世界城市建设与北京市政府管理创新[J].新视野，2011(3).

[68]郭道久.民主参与促进地方政府管理创新——基于杭州实践的分析[J].探索，2014(5).

[69]曹伟.政府创新管理的制度建构:基于杭州实践的研究[J].中国行政管理，2014(10).

[70]陈强，李倩.美国政府创新管理的趋势、特征及启示[J].上海经济研究，2014(7).

[71]陈永杰，曹伟.从政府创新到政府创新管理：一个分析框架[J].中国行政管理，2016(2).

[72]文丰安.转型期地方政府社会管理创新的理论思考[J].管理世界，2012(9).

[73]李博，谢斌.系统论视域下政府管理创新的类型与路径分析[J].陕西行政学院学报，2017(1).

[74]苏曦凌.在事实与规范之间:政府管理技术创新的现实问题与应然逻辑[J].湖北社会科学，2014(6).

[75]应小丽.市场发育、政府主导和社会管理创新——五届"中国地方政府创新奖"浙江项目的分析[J].浙江社会科学，2011(9).

[76]孔凡义.社会流动、制度变迁与政府管理创新:以C市实证研究为例[J].经济社会体制比较，2014(1).

[77]赵强.制度压力如何影响地方政府公共服务创新的扩散?——以城市网格化管理为例[J].公共行政评论，2015(3).

[78]王绪成.我国政府管理创新的着力点[J].人民论坛，2010(29).

[79]焦志勇.论检验政府管理创新的根本标准[J].法学杂志，2011(S1).

[80]王俊，刘中兰.公民利益表达与地方政府管理创新——基于近三届"地方政府创新奖"相关案例的分析[J].理论导刊，2015(2).

[81]尹华，崔燕.地方政府创新是振兴东北老工业基地的关键[J].行政与法(吉林省行政学院学报)，2004(9).

[82]李巍.东北振兴中政府理念创新的必要性与途径探索[J].长春理工大学学报(社会科学版)，2006(5).

[83]张凤文.振兴东北老工业基地务必着力推进政府管理创新[J].辽宁行政学院学报，2006(7).

[84]范恒山.推进新一轮东北振兴要处理好若干重大关系[N].经济日报，2016-06-15(011).

[85]石亚军.行政体制改革和政府管理创新至关重要[N].光明日报，2015-11-05(014).

[86]杨忠阳.做好"加减乘除"促进东北振兴[N].经济日报，2015-03-12(009).

[87]毕玉才.东北振兴如何突破围城[N].光明日报，2016-12-26(005).

[88]李政.探寻东北地区创新转型新路径[N].光明日报，2015-07-01(015).

[89]张琳.新一轮东北振兴如何破局[N].光明日报，2017-04-17(007).

[90]宋德金.东北地域文化三题[N].光明日报，2009-07-14(012).

[91]顾杰.政府管理创新"呼唤"八大转型[N].光明日报，2011-03-21(011).

[92]王星闽.政府管理创新着力点在哪[N].光明日报，2010-12-13(010).

[93]顾阳."软硬兼施"振兴东北老工业基地[N].经济日报，2017-03-22(003).

[94]李娥皇，孙雪梅.以开放的理念推进现代行政文化建设[J].湖南省社会主义学院学报，2014(6).

[95]王玥.如何发展基层行政文化[J].人民论坛，2016(17).

[96]技术进步与新时代的行政文化建设[N].中国社会科学报，2018-08-28(004).

[97]韦红云.我国地方政府管理创新的财力保障路径研究[D].长春：东北师范大学，2012.

[98]金杰.振兴东北过程中的政府管理体制创新[J].合作经济与科技，2007(6).

[99]张意.振兴东北老工业基地政府管理创新问题研究[D].长春：东北师范大学，2012.

[100]Franzel J.M.Urban Government Innovation: Identifying Current

Innovations and Factors that Contribute to Their Adoption[J].Review of Policy Research, 2008(3).

[101]Stacey Swearingen White, Michael R. Boswell. Stormwater Quality and Local Government Innovation[J].Journal of the American Planning Association, 2007(2).

[102]Seok Eun Kim, Jung Wook Lee. The Impact of Management Capacity on Government Innovation in Korea: An Empirical Study[J].International Public Management Journal, 2009(3).

[103]Rivenbark W.C, Kelly J.M. Management Innovation in Smaller Municipal Government[J].State & Local Government Review, 2003(3).

[104]Jans W, Denters B, Need A, et al. Mandatory Innovation In a Decentralised System: The Adoption of an E-government Innovation in Dutch Municipalities[J].Acta Politica, 2016, (1).

[105]Munro J. Accelerating Innovation in Local Government[J].Public Money & Management, 2015(3).

[106]Criado J.I, Sandoval-Almazan R, Gil-Garcia J·R. Government Innovation Through Social Media [J].Government Information Quarterly, 2013(4).

[107]Malekpour M.R, Siminiceanu. Government Innovation Through Social Media[J].Government Information Quarterly, 2013(4).

[108]Orange G, Elliman T, Kor A.L, et al. Local Government and Social or Innovation Value[J]. Transforming Government People Process & Policy, 2011(3).

后 记

东北老工业基地是新中国工业的摇篮，为新中国建成独立、完整的工业体系和国民经济体系，为国家的改革开放和现代化建设作出了历史性的重大贡献。然而，随着改革开放的不断深入，老工业基地的体制性、结构性矛盾日益凸显，进一步发展面临着许多困难和问题。2003年10月，中共中央、国务院印发《关于实施东北地区等老工业基地振兴战略的若干意见》，吹响了振兴东北老工业基地的号角。此后，中央先后在东北地区实行了一系列促进振兴的优惠政策，振兴战略得到进一步展开。党的十八大以来，党中央、国务院高度重视东北振兴工作，习近平总书记等中央领导同志多次视察东北，对东北老工业基地全面振兴提出了一系列新论断、新目标、新要求。2015年12月30日，中共中央政治局审议通过了《关于全面振兴东北地区等老工业基地的若干意见》，标志着新一轮东北振兴全面启动实施。党的十九大明确提出，深化改革加快东北等老工业基地振兴。

东北老工业基地振兴战略实施以来，东北老工业基地振兴取得明显成效和阶段性成果，经济发展在稳步前进中迈上新台阶，政治民主化进程不断推进，社会民生保障水平不断提高，生态文明建设取得积极进展。东北老工业基地振兴取得的效果和成绩与政府管理创新密不可分，政府管理创新减轻了现有行政体制对深化改革的阻碍，为经济和社会发展注入了新的活力。但随着改革"深水区"和"攻坚期"的到来，政府管理创新作为东北老工业基地振兴的支撑力和推动力，亦陷入"瓶颈"阶段。

本书以政府管理创新为逻辑起点，从理念、制度、行为三个层次构建东北老工业基地政府管理创新研究的分析框架，以理念创新、制度创新和行为创新为研究主线，对标国内江、浙、沪地区，从理念、制度、行为三个层面深入剖析东北老工业基地政府管理创新不足的表现、成因，探索政府管理创新的重点内容以及实现路径。

在本书研究设计与实施、内容撰写与论证的过程中，孙萍教授提出了诸多宝贵的意见与建议，博士研究生陈诗怡与李倩夫、硕士研究生胡丽菊与柴雪丽在文献资料与研究数据的搜集与整理方面提供了重要帮助，并参与撰写了部分章节内容，在此表示诚挚的谢意。由于研究时间与研究经费限制以及研究能力有限，本书分析与论证难免有疏漏之处，敬请读者与专家不吝指正。本书在研究与撰写过程中，参考了诸多学界同仁的研究成果，在此表示感谢。辽宁人民出版社项目经理娄瓴老师为本书出版给予了大力指导与帮助，在此一并感谢！

本书为东北大学东北振兴研究院"东北老工业基地振兴中的政府管理创新研究"的项目研究成果。

2021年6月28日于北京